U0583316

吉林全書

——史料編——

㉓

吉林文史出版社

圖書在版編目（CIP）數據

撫松縣志 / 張元俊監修 ; 車煥文總編輯 . -- 長春 : 吉林文史出版社 , 2025. 5. -- (吉林全書). -- ISBN 978-7-5752-1145-1

Ⅰ . K293.44

中國國家版本館 CIP 數據核字第 2025RE7121 號

FUSONG XIANZHI

撫松縣志

監　　修　張元俊
總 編 輯　車煥文
出 版 人　張　强
責任編輯　王　非　王　鶴
封面設計　溯成設計工作室
出版發行　吉林文史出版社
地　　址　長春市福祉大路5788號
郵　　編　130117
電　　話　0431-81629356
印　　刷　吉林省吉廣國際廣告股份有限公司
印　　張　37.5
字　　數　172千字
開　　本　787mm × 1092mm　1/16
版　　次　2025年5月第1版
印　　次　2025年5月第1次印刷
書　　號　ISBN 978-7-5752-1145-1
定　　價　195.00圓

《吉林全書》編纂委員會

總序

『長白雄東北，嵯峨俯塞州。』吉林省地處中國東北中心區域，是中華民族世代生存融合的重要地域，素有『白山松水』之地的美譽。歷史上，華夏、濊貊、肅慎和東胡族系先民很早就在這片土地上繁衍生息，高句麗、渤海國等中國東北少數民族政權在白山松水間長期存在，以契丹族、女真族、蒙古族、滿族融合漢族在内的多民族形成的遼、金、元、清四個朝代，共同賦予吉林歷史文化悠久獨特的優勢和魅力，决定了吉林文化不可替代的特色與價值，具有緊密呼應中華文化整體而又與衆不同的生命力量，見證了中華民族共同體的融鑄和我國統一多民族國家的形成與發展。

提到吉林，自古多以千里冰封的寒冷氣候爲人所知，一度是中原人士望而生畏的苦寒之地，一派肅殺之氣。再加上吉林文化在自身發展過程中存在着多次斷裂，致使衆多文獻湮没、典籍無徵，一時多少歷史文化精粹『明珠蒙塵』，因此，形成了一種吉林缺少歷史積澱，文化不若中原地區那般繁盛的偏見。實際上，在數千年的漫長歲月中，吉林大地上從未停止過文化創造，自青銅文明起，從先秦到秦漢，再到隋唐直至明清，吉林地區不僅文化上不輸中原地區，還對中華文化産生了深遠的影響，爲後人留下了衆多優秀古籍，涵養着吉林文化的根脉，猶如璀璨星辰，在歷史的浩瀚星空中閃耀着奪目光輝，標注着地方記憶的傳承與中華文明的賡續。我們需要站在新的歷史高度，用另一種眼光去重新審視吉林文化的深邃與廣闊，通過豐富的歷史文獻典籍去閱讀吉林文化的傳奇與輝煌。

吉林歷史文獻典籍之豐富，源自其歷代先民的興衰更替、生生不息。吉林文化是一個博大精深的體系，從左家山文化的『中華第一龍』，到西團山文化的青銅時代遺址，再到二龍湖遺址的燕國邊城，都見證了吉林大地的文明在中國歷史長河中的肆意奔流。早在兩千餘年前，高句麗人的《黄鳥歌》《人參贊》以及《留記》等文史作品就已在吉林誕生，成爲吉林地區文學和歷史作品的早期代表作。高句麗文人之《新集》，渤海國人『疆理雖重海，車書本一家』之詩篇，金代海陵王詩詞中的『一咏一吟，冠絶當時』，再到金代文學的『華實相扶，骨力遒上』，皆凸顯出吉林不遜文教、獨具風雅之本色。

吉林歷史文獻典籍之豐富，源自其地勢四達并流、山水環繞。吉林土地遼闊而肥沃，山河壯美而令人神往，吉林大地可耕可牧、可漁可獵，無門庭之限，亦無山河之隔，進出便捷，四通八達。沈兆禔在《吉林紀事詩》中寫道，『肅慎先徵孔氏書』，印證了東北邊疆與中原交往之久遠。早在夏代，居住於長白山脚下的肅慎族就與中原建立了聯係。一部《吉林通志》，『考四千年之沿革，挈領提綱；綜五千里之方輿，辨方正位』，從時間和空間兩個維度，寫盡吉林文化之淵源深長。

吉林歷史文獻典籍之豐富，源自其民風剛勁、民俗絢麗。《長白徵存録》寫道，『日在深山大澤之中，伍鹿豕、耦虎豹，非素嫻技藝，無以自衛』，描繪了吉林民風的剛勁無畏，爲吉林文化平添了幾分豪放之感。清代藏書家張金吾也在《金文最》中評議，『知北地之堅强，絶勝江南之柔弱』，足可見，吉林大地與生俱來的豪健英杰之氣。同時，與中原文化的交流互通，也使邊疆民俗與中原民俗相互影響、不斷融合，既體現出敢於拼搏、鋭意進取的開拓精神，又兼具脚踏實地、穩中求實的堅韌品格。

吉林歷史文獻典籍之豐富，源自其諸多名人志士、文化先賢。自古以來，吉林就是文化的交流彙聚之地，從遼、金、元到明、清，每一個時代的文人墨客都在這片土地留下了濃墨重彩的文化印記。特别是，清代東北流人的私塾和詩社，爲吉林注入了新的文化血液，用中原的文化因素教化和影響了東北的人文氣質和文化形態；至近代以『吉林三杰』宋小濂、徐鼐霖、成多禄爲代表的地方名賢，以及寓居吉林的吴大澂、金毓黻、劉建封等文化名家，將吉林文化提升到了一個全新的高度，他們的思想、詩歌、書法作品中無一不體現着吉林大地粗狂豪放、質樸豪爽的民族氣質和品格，滋養了孜孜矻矻的歷代後人。

盛世修典，以文化人，是中華民族延續至今的優良傳統。我們在歷史文獻典籍中尋找探究有價值、有意義的歷史文化遺産，於無聲中見證了中華文明的傳承與發展。吉林省歷來重視地方古籍與檔案文獻的整理出版。自二十世紀八十年代以來，李澍田教授組織編撰的《長白叢書》，開啓了系統性整理、組織化研究吉林文獻典籍的先河，赢得了『北有長白，南有嶺南』的美譽；進入新時代以來，鄭毅教授主編的《長白文庫》叢書，繼續肩負了保護、整理吉林地方傳統文化典籍，弘揚民族精神的歷史使命，從大文化的角度折射出吉林文化的繽紛异彩。隨着《中國東北史》和《吉林通史》等一大批歷史文化學術著作的問世，形成了獨具吉林特色的歷史文化研究學術體系和話語體系，對融通古今、賡續文脉發揮了十分重要的作用。正是擁有一代又一代富有鄉邦情懷的吉林文化人的辛勤付出和豐碩成果，使我們具備了進一步完整呈現吉林歷史文化發展全貌，淬煉吉林地域文化之魂的堅實基礎和堅定信心。

當前，吉林振興發展正處在滚石上山、爬坡過坎的關鍵時期，機遇與挑戰并存，困難與希望同在。站在這樣的歷史節點，迫切需要我們堅持高度的歷史自覺和人文情懷，以文獻典籍爲載體，全方位梳理和展示吉林政治、經濟、社會、文化發展的歷史脉絡，讓更多人瞭解吉林歷史文化的厚度和深度，感受這片土地獨有的文化基因和精神氣質。

鑒於此，吉林省委、省政府作出了實施《吉林全書》編纂文化傳承工程的重大文化戰略部署，這不僅是深入學習貫徹習近平文化思想、認真落實黨中央關於推進新時代古籍工作要求的務實之舉，也是推進吉林優秀傳統文化保護傳承、建設文化强省的重要舉措。歷史文獻典籍是中華文明歷經滄桑留下的最寶貴的東西，是吉林優秀歷史文化『物』的載體，彙聚了古人思想的寶藏、先賢智慧的結晶。對歷史最好的繼承，就是創造新的歷史。傳承延續好這些寶貴的民族記憶，就是要通過深入挖掘古籍蘊含的哲學思想、人文精神、價值理念、道德規範，推動中華優秀傳統文化創造性轉化、創新性發展，作用于當下以及未來的經濟社會發展，更好地用歷史映照現實、遠觀未來。這是我們這代人的使命，也是歷史和時代的要求。

從《長白叢書》的分散收集，到《長白文庫》的萃取收録，再到《吉林全書》的全面整理，以歷史原貌和文化全景的角度，進一步闡釋了吉林地方文明在中華文明多元一體進程中的地位作用，講述了吉林人民在不同歷史階段爲全國政治、經濟、文化繁榮所作的突出貢獻，勾勒出吉林文化的質實貞剛和吉林精神的雄健磊落、慷慨激昂，引導全省廣大幹部群衆更好地瞭解歷史、瞭解吉林，挺起文化脊梁、樹立文化自信，不斷增强砥礪奮進的恒心、韌勁和定力，持續激發創新創造活力，提振幹事創業的精氣神，爲吉林高品質發展明顯進位、全面振興取得新突破提供有力文化支撑，彙聚强大精神力量。

爲扎實推進《吉林全書》編纂文化傳承工程，我們組建了以吉林東北亞出版傳媒集團爲主體，涵蓋高等院校、研究院所、新聞出版、圖書館、博物館等多個領域專業人員的《吉林全書》編纂委員會，并吸收國内知名清史、民族史、遼金史、東北史、古典文獻學、古籍保護、數字技術等領域專家學者組成顧問委員會，經過認真調研、反復論證，形成了《〈吉林全書〉編纂文化傳承工程實施方案》，確定了『收集要全、整理要細、研究要深、出版要精』的工作原則，明確提出在編纂過程中不選編、不新創，尊重原本、致力全編，力求全方位展現吉林文化的多元性和完整性。在做好充分準備的基礎上，《吉林全書》編纂文化傳承工程於二〇二四年五月正式啓動。

爲高質量完成編纂工作，編委會對吉林古籍文獻進行了空前的彙集，廣泛聯絡國内衆多館藏單位，尋訪民間收藏人士，重點以吉林省方志館、東北師範大學圖書館、長春師範大學圖書館、吉林省社科院爲收集源頭開展了全面的挖掘、整理和集納；同時，還與國家圖書館、上海圖書館、南京圖書館、遼寧省圖書館、吉林省圖書館、吉林市圖書館等館藏單位及各地藏書家進行對接洽談，獲取了充分而精准的文獻信息。同時，專家學者們也通過各界友人廣徵稀見，在法國國家圖書館、日本國立國會圖書館、韓國國立中央圖書館等海外館藏機構搜集到諸多珍貴文獻。在此基礎上，我們以審慎的態度對收集的書目進行甄别、分類、整理和研究，形成了擬收録的典藏文獻名録，分爲著述編、史料編、雜集編和特編四個類别。此次編纂工程不同於以往之處，在於充分考慮吉林的地理位置和歷史變遷，將散落海内外的日文、朝鮮文、俄文、英文等不同文字的相關文獻典籍一并集納收録，并以原文搭配譯文的形式收於特編之中。截至目前，我們已陸續對一批底本最善、價值較高的珍稀古籍進行影印出版，爲館藏單位、科研機構、高校院所以及歷史文化研究者、愛好者提供參考和借鑒。

『周雖舊邦，其命維新』，文獻典籍最重要的價值在於活化利用。編纂《吉林全書》并不意味着把古籍束之高閣，而是要在『整理古籍、複印古書』的基礎上，加强對歷史文化發展脉絡的前後貫通、左右印證，更好地服務於對吉林歷史文化的深入挖掘研究。爲此，我們同步啓動實施了『吉林文脉傳承工程』，旨在通過『研究古籍、出版新書』，讓相關學術研究成果以新編新創的形式著述出版，借助歷史智慧和文化滋養，通過創造性轉化、創新性發展，探尋當前和未來的發展之路，以守正創新的正氣和鋭氣，賡續歷史文脉、譜寫當代華章。

做好《吉林全書》編纂文化傳承工程是一項『汲古潤今，澤惠後世』的文化事業，責任重大、使命光榮。我們將秉持敬畏歷史、敬畏文化之心，以精益求精、止於至善的工作信念，上下求索、耕耘不輟，爲實現文化種子『藏之名山，傳之後世』的美好願景作出貢獻。

《吉林全書》編纂委員會

二〇二四年十二月

凡例

一、《吉林全書》（以下簡稱《全書》）旨在全面系統收集整理和保護利用吉林歷史文獻典籍，傳播弘揚吉林歷史文化，推動中華優秀傳統文化傳承發展。

二、《全書》收録文獻地域範圍，首先依據吉林省當前行政區劃，然後上溯至清代吉林將軍、寧古塔將軍所轄區域内的各類文獻。

三、《全書》收録文獻的時間範圍，分爲三個歷史時段，即一九一一年以前，一九一二至一九四九年，一九四九年以後。每個歷史時段的收録原則不同，即一九一一年以前的重要歷史文獻，收集要『全』；一九一二至一九四九年間的重要典籍文獻，收集要『精』；一九四九年以後的著述豐富多彩，收集要『精益求精』。

四、《全書》所收文獻以『吉林』爲核心，着重收録歷代吉林籍作者的代表性著述，流寓吉林的學人著述，以及其他以吉林爲研究對象的專門著述。

五、《全書》立足於已有文獻典籍的梳理、研究，不新編、新著、新創。出版方式是重印、重刻。

六、《全書》按收録文獻内容，分爲著述編、史料編、雜集編和特編四類。

著述編收録吉林籍官員、學者、文人的代表性著作，亦包括非吉林籍人士流寓吉林期間創作的著作。作品主要爲個人文集，如詩集、文集、詞集、書畫集等。

史料編以歷史時間爲軸，收録一九四九年以前的歷史檔案、史料、著述，包含吉林的考古、歷史、地理資料等；收録吉林歷代方志，包括省志、府縣志、專志、鄉村村約、碑銘格言、家訓家譜等。

雜集編收録關於吉林的政治、經濟、文化、教育、社會生活、人物典故、風物人情的著述。

特編收録就吉林特定選題而研究編著的特殊體例形式的著述。重點研究認定『滿鐵』文史研究資料和東北亞各民族不同語言文字的典籍等。關於特殊歷史時期，比如，東北淪陷時期日本人以日文編寫的『滿鐵』資料作爲專題進行研究，以書目形式留存，或進行數字化處理。開展對滿文、蒙古文，高句麗史、渤海史、遼金史的研究，對國外研究東北地區史和高句麗史、渤海史、遼金史的研究成果，先作爲資料留存。

七、《全書》出版形式以影印爲主，影印古籍的字體版式與文獻底本基本保持一致。

八、《全書》整體設計以正十六開開本爲主，對於部分特殊内容，如，考古資料等書籍采用一比一的比例還原呈現。

九、《全書》影印文獻每種均撰寫提要或出版説明，介紹作者生平、文獻内容、版本源流、文獻價值等情况。影印底本原有批校、題跋、印鑒等，均予保留。底本有漫漶不清或缺頁者，酌情予以配補。

十、《全書》所收文獻根據篇幅編排分册，篇幅適中者單獨成册，篇幅較大者分爲序號相連的若干册，篇幅較小者按類型相近或著作歸屬原則數種合編一册。數種文獻合編一册以及一種文獻分成若干册的，頁碼均單排。若一本書中收録兩種及以上的文獻，將設置目録。各册按所在各編下屬細類及全書編目順序編排序號，全書總序號則根據出版時間的先後順序排列。

撫松縣志

張元俊 監修
車焕文 總編輯

提要

《撫松縣志》由時任縣長張元俊監修，車煥文總編輯，薛仁山、袁夢周、劉椿、王鴻基、姜樹人編輯。成書於民國十九年（一九三〇），全書采用鉛印綫裝，一函四册。

全書分地理、荒務、政治、人事、人物五卷，卷一地理内分位置、疆域、邊界、地勢、險隘、區劃、山脉、河流、城池、公廨、鎮基一（附圖）、鎮基二（附圖）、鎮基三（附圖及簡章）、鎮基四（簡章）、鎮基五（附圖）、交通、物産、氣候、古迹名勝、撫松十景等二十類；卷二荒務内分原放、續放、墾務、田畝（附各區熟地垧數表）等四類；卷三政治内分沿革、政績、職官、行政會議、議事會、教育、警察沿革、保甲沿革、公安、公安隊、村政、財賦、司法（附監獄）、教養工廠、防軍、商團、電報、電話、郵政、硝磺、堤工等二十一類；卷四人事内分民族、匪亂、户口、農業、商業、參業、漁獵、林業、醫業、慈善、宗教、禮俗、文藝、逸聞、土語等十五類；卷五人物内分鄉耆、鄉宦、義勇（附昭忠祠）、學校畢業生等四類。

該志突破傳統『重人文輕自然』的局限，開創『生態—經濟—社會』綜合書寫範式。其詳實的物産數據、災害記録、民族志材料等，爲東北邊疆史、生態人類學、民族經濟研究提供了不可替代的原始文獻。一九九四年《中國地方志總目提要》評其『體例創新，考據精審，堪稱民國邊疆志書典範』，至今仍是研究長白山開發史的核心史料。

爲盡可能保存古籍底本原貌，本書做影印出版，因此，書中個別特定歷史背景下的作者觀點及表述内容，不代表編者的學術觀點和編纂原則。

庚午秋刊

撫松縣志

張元俊題

遼寧省撫松縣圖
說明
管轄境界面積
面積二萬九千三百五十方里
區劃情形
全縣分七區第一二三四區為農戶第五六七區為傻戶
設治地點
縣治設於頭道江與松香河相滙之處俗名甸子
建置沿革
本縣位於長白山西麓據松花江上游向為荒僻之區原屬吉林濛江州清宣統二年設治改屬奉天長白府及入民國屬遼寧省
縣城圖
縣政府
吉省樺甸縣
吉省濛江縣
安圖縣
第一區
第二區
第三區
第四區
第五區
松花江

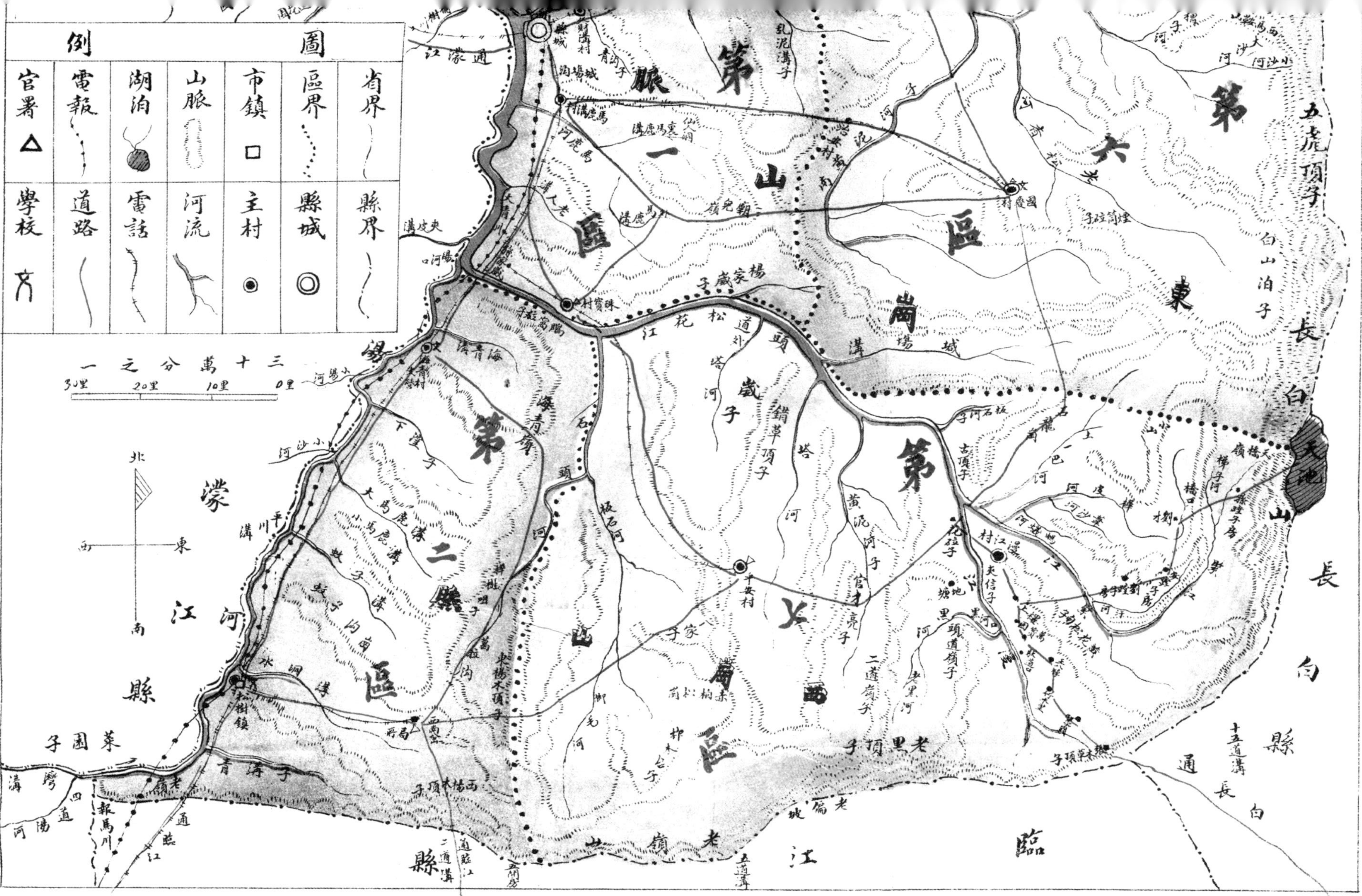

圖例
省界
縣界
區界
縣城
市鎮
主村
山脈
河流
湖泊
電話
電報
道路
官署
學校
三十萬分之一
0里
10里
20里
30里
北
南
東
西
第一區
第二區
第三區
第六區
撫松縣
濛江縣
臨江縣
長白縣
天池
松花江

撫松縣政府平面圖

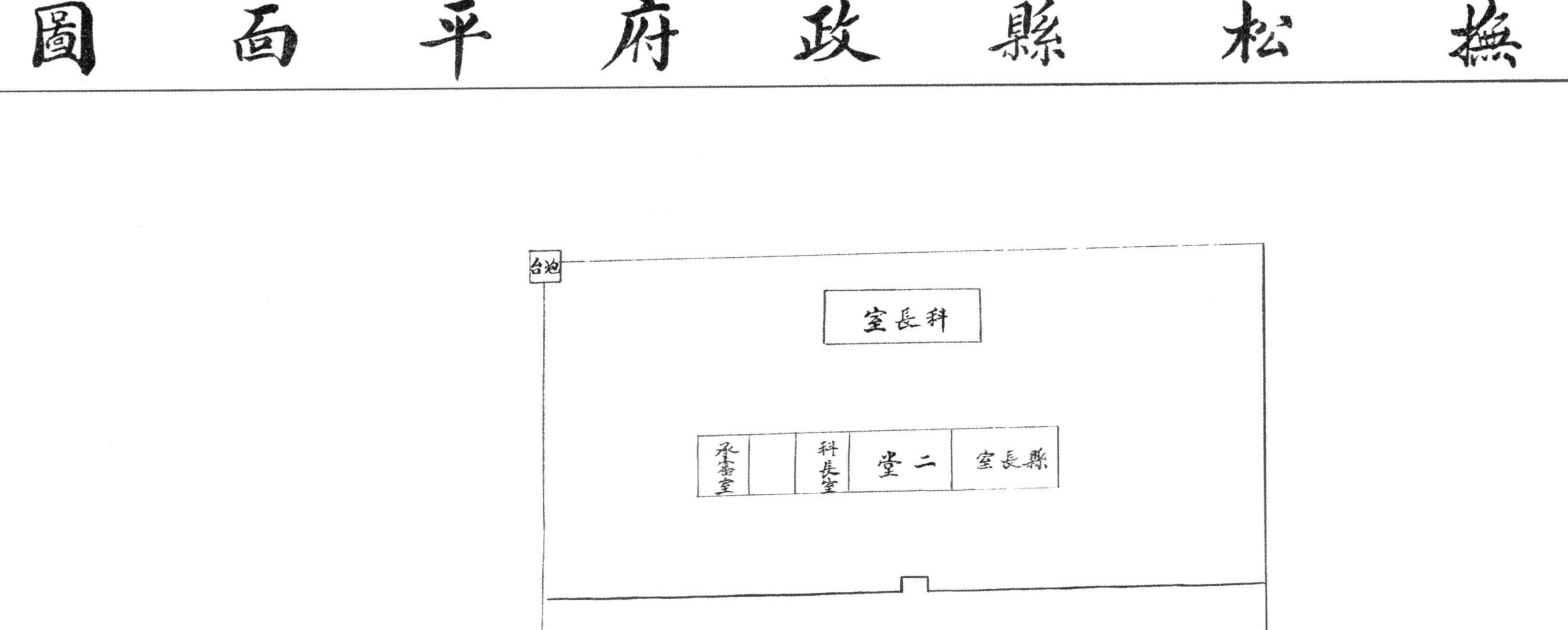

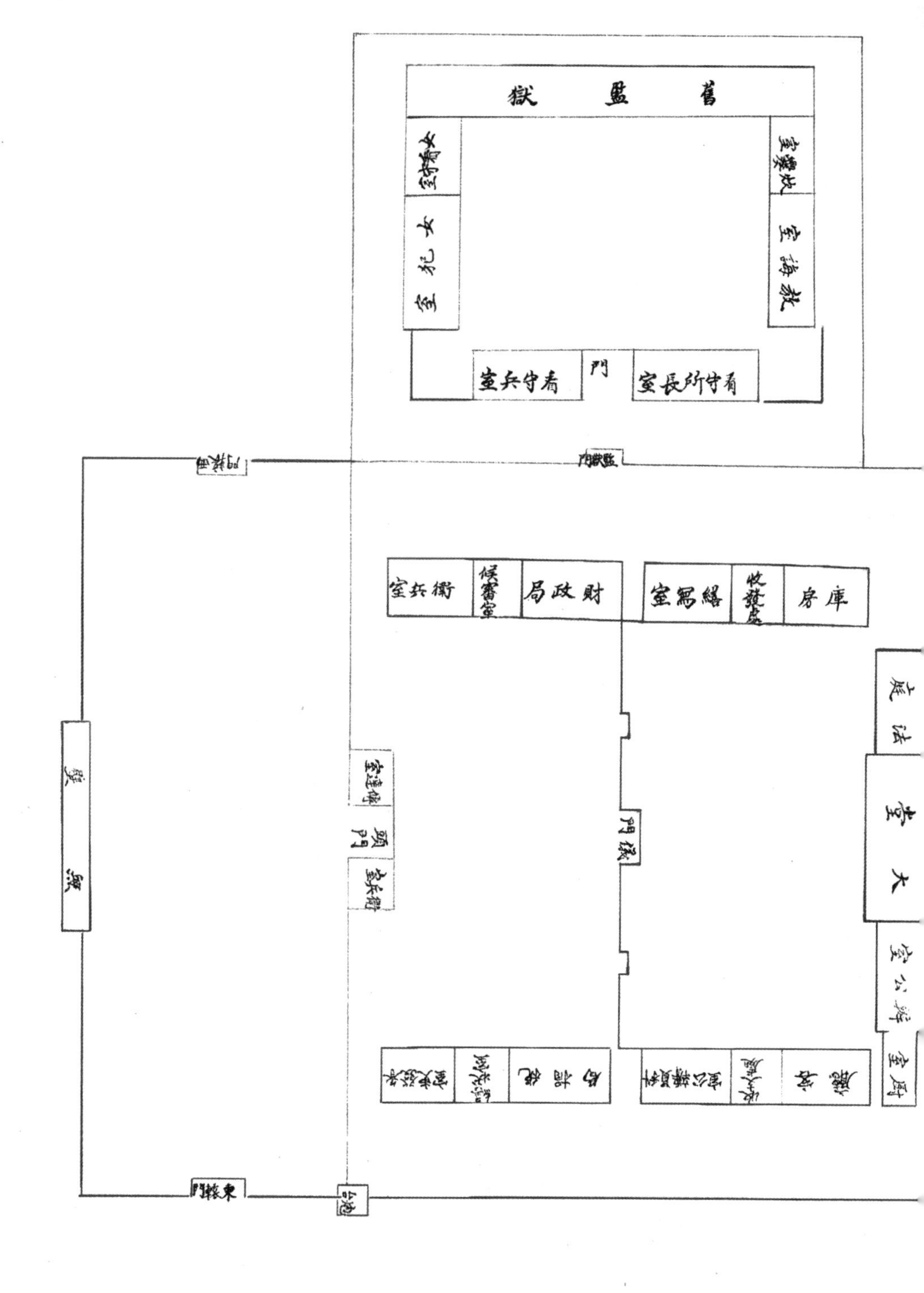

舊監獄
教誨室
看守兵室
門
看守所長室
監獄門
西轅門
衛兵室
財政局
繕寫室
收發處
庫房
法庭
大堂
辦公室
廚室
儀門
頭門
照壁
東轅門

撫松縣公安

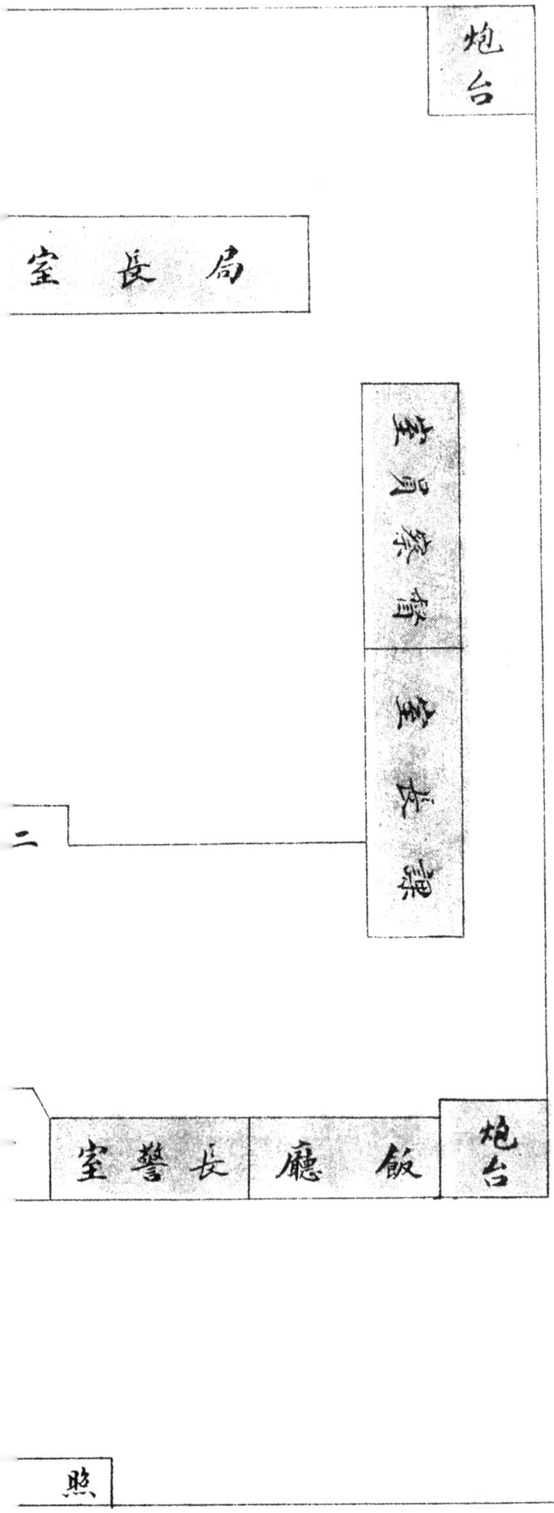

炮台

局長室

督察員室

課長室

二

長警室

飯廳

炮台

照

局平面圖

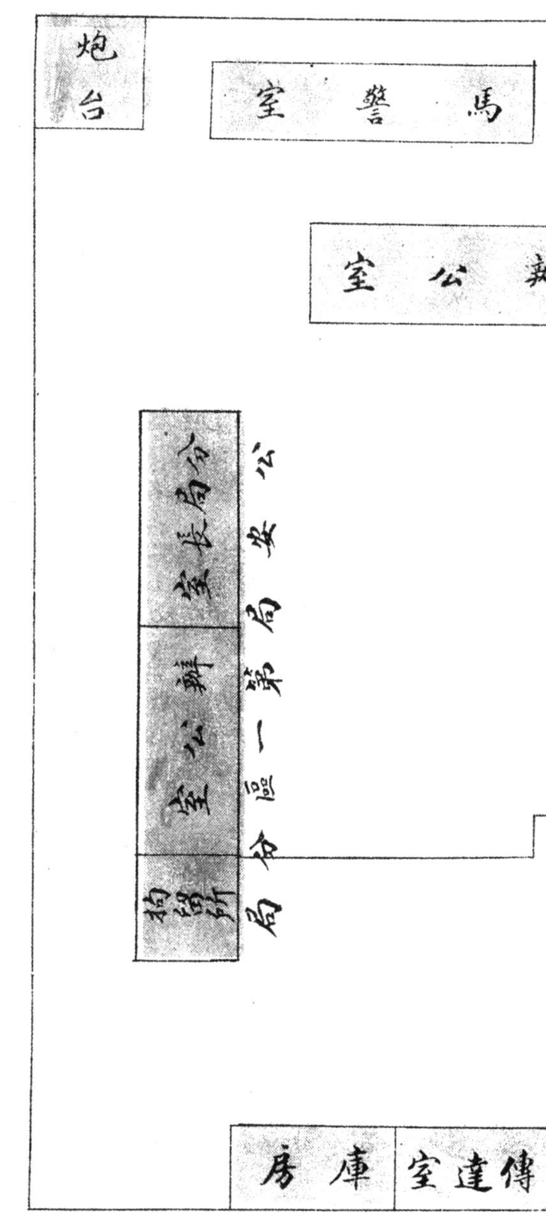

總編輯車煥文

撫松縣長張元俊

撫松縣大堂

撫松縣儀門

撫松縣政府頭門

撫松縣政府

撫松縣公安局

撫松縣教育局

撫松縣財政局

撫松縣全城景

白山全景　中華民國十九年秋撫松縣長張元俊率隊出巡到白山攝影

長白山天池全景

白山天池東岸山峯　中華民國十九年秋撫松縣長張元俊率隊出巡到天池攝影

白山天池西岸山峯
中華民國十九年秋季出巡平公安大隊長王永誠
及員司隊兵等三十八人登白山臨天池攝影紀念
撫松縣長張元俊識

白山天池北岸山峯　中華民國十九年秋季由巡率公安大隊長王永誠及員司隊兵等三十八人登白山臨天池攝影撫松縣長張元俊誌

庚午秋張公出巡在白山林中攝影

庚午秋撫松張縣長出巡露宿白山樺皮河沿撮影

白山附近森林

撫松白山泊子黄花松林

撫松縣關岳廟

撫松縣昭忠祠

撫松十景之一柳城春曉

撫松十景之二筆架尋秋

撫松十景之三東山晨鐘

撫松十景之四西江晚渡

撫松十景之五蓮池泛月

撫松縣城南蓮池全景

撫松十景之六　仙洞生雲

撫松十景之七長堤垂釣

撫松十景之八
鎮邊遠眺

撫松十景之九香水環帶

撫松十景之十白山積雪

撫松縣府政委員會開會攝影紀念縣長張元俊誌
撫松縣政府

撫松縣防務會議攝影

中華民國十九年歲次庚午雙十節舉行典禮撮影紀念縣長寬甸張元俊謹識

撫松縣第一次教育聯合運動會攝影紀念民國十八年六月五日張元俊誌

中華民國十九年四月五日舉行植樹典禮撮影紀念撫松縣長張元俊誌

撫松縣園蓡花時撮影

撫松縣葠園全景

撫松縣特產麋鹿
中華民國十八年六月

撫松縣志序

撫松之設治始於清宣統二年舊屬吉林濛江踞長白山之西麓松花江之上源初固邊徼也其地則珍禽異獸長林古木赤金丹砂人參鹿茸所在多有實物產之奥區焉矧其壤近朝鮮地交歐亞面山背海險固可守又爲國防之要衝不有經營曷能臻上理然而國人初忽略視之曾不少留意者豈非以其未有記載靡聞罕漫而弗昭察耶張君元俊既長撫松公餘之暇訪諸鄉之父老考其山川徵其物產而益知非藉記載無以示來茲爰修撫松縣志五卷曰地理曰政治曰荒物曰人事曰人物於是撫松之文物與夫政治之沿革山川之形勝乃炳然而大著文學自愧輇才忝長民政竊維民政之本曰生民曰安民而生民安民莫便於因

勢利導故余於撫松縣志之成而歎昔之忽略而寘之今則可展卷而詳之矣是豈僅記載而已哉既庶加富之道胥於是乎在故欣爲之序

中華民國十九年五月　遼寧省民政廳長陳文學撰

撫松縣志序

周禮外史掌邦國之志此志之始也通鑑蕭何收秦丞相府圖籍具知天下扼要戶口多少彊弱之處此志之用也且志者所以記事也有事而不記則後之人何考焉民國十六年一月余奉檄來守斯土適値股匪陷城之後商民流離城郭坵墟目擊心愴欲善其後叉壬之招徠拊循之術急檢閱志乘案檔以作勸撫之資而縣之文卷被燬殆盡撫松縣志一書併名亦無存於是有銳意肇修縣志之舉然當大創之後人心惶恐遂築城繕隍備械建壘爲根本重計及防務稍固人心漸安公務之餘索前人政蹟不可得僅得一二於野老村民多匪患流離之事前人撫字之術教養之方咸無聞焉夫撫松位於長白山之西麓據松花江之上游森林徧

野向爲荒僻之區文物制度更付缺如嗣因獵戶稍集逐漸開闢迨清宣統二年始行設治迄今二十年中兩罹羣盜陷城之害耆舊既多遠徙文獻又無足徵縣之故實無從質詢惟及今不編斯志恐後益無依據正擬籌辦間適

省憲催修縣志通令亦行奉到則事益不容緩爰由地方紳耆分任調查聘車君焕文從事編輯凡十閱月而全書告成顧茲事草創訪求採擇已感其難矧又成於倉卒勢同急就有不掛一漏萬瑕疵百出者夫其誰信雖然大輅成於椎輪宮室根乎蓬蓽後之來者增删而修正之以收圖志之效則此志亦不可少也是爲序

中華民國十九年二月簡任職存記署撫松縣縣長寬甸張元俊撰

序

修史之才自古罕覯孔子作春秋游夏不能贊一辭固爲萬世史才之宗降及於漢司馬遷作史記班固著漢書亦足膾炙人口後世莫能望其項背史才之難得也如此志亦史類所以識事也賢者識大不賢識小信以傳信疑以傳疑志不修則信疑皆無所考盲於目即盲於心世界何由而進化一指蔽前則泰山不見十步易轍則日影不分居斯邑者境內之山川人民政治風俗茫然無知君子引以爲恥張公有見於此百廢俱興之後又復增修縣志以開一邑之知識即以啟一世之文明且開卷披覽臨文興感又足動人愛國之思此我公之本意也予謬承電託得與贊襄一知半解何足以言修輯況地屬邊荒設治未久先朝文獻並皆闕如

雖成裘需於集腋而無米難以爲炊是故斯志之成考證未能精詳缺畧在所不免博雅君子匡所不逮以爲賡續修輯之資又豈第一人之幸哉是爲序撫松車煥文識

編輯縣志姓名錄

監修

署理撫松縣縣長奉天兩級師範學堂畢業簡任職存記張元俊

總編輯

撫松縣前教育公所所長前清附生車焕文

編輯

撫松縣教育局長師範畢業生薛仁山

撫松縣前教育會會長奉天師範畢業袁夢周

奉天兩級師範學堂畢業劉椿

自治研究所畢業王鴻基

奉天全省警官學校畢業姜樹人

調查

撫松縣公安局長東三省陸軍講武堂及奉天警務學堂畢業杜九文

撫松縣前公安局長警官畢業張景玉

撫松縣商會長郭恩溥

撫松縣商會副會長劉鵬

撫松縣農會長史春泰

撫松縣農會副會長徐肇業

撫松縣葠業總會會長安茂林

撫松縣東崗葠會會長孫作文

撫松縣西崗葠會會長矯奎棠

撫松縣北崗複會副會長崔其發

撫松縣東崗複會副會長于本林

撫松縣西崗複會副會長李永慶

撫松縣前教育會副會長杜錫和

撫松縣教育會會長時錫箴

撫松縣教育會副會長石景昌

撫松縣地方公欵處主任車仁盛

撫松縣公安局督察員奉天警官畢業閻光漢

撫松縣公安第一分局局長于維航

撫松縣公安第二分局局長胡起琳

撫松縣公安第三分局局長溫瑞英

撫松縣公安第四分局局長江蘊奇
撫松縣公安第五分局局長周振先
撫松縣公安第六分局局長張培福
撫松縣公安第七分局局長胡錦堂

校對

撫松縣承審員奉天法政專門學校畢業何世同
撫松縣第一科科長奉天兩級師範畢業于昆田
撫松縣第二科科長奉天道立中學畢業王家林
撫松縣師範學校國文教員周鳳陽
撫松縣政府第一科科員奉天工業學校畢業婁玉璽
撫松縣政府第一科科員師範畢業趙秉公

撫松縣政府第二科科員桓仁師範畢業李廷華
撫松縣政府第二科科員藍允辰

繪圖員

王家林　張守信

謄錄

鄭寅斗
馬秀嵐
于振國
孫鼎和
崔書樊
關秀嶂

鄒本珍

于連陞

尹文鼎

撫松縣志

例言

一 撫松於民國三年暨十五年兩遭胡匪陷城之害縣署卷宗被燬殆盡故十六年以前事蹟多無從考查僅依採訪得諸傳聞併檢閱近存之公牘編纂成帙凡地理荒務政治人事人物五卷

一 地理志僅詳載山川區域及城鎮之建置物產氣候之異同至星野誕妄之說概未涉及

一 撫松土地磽瘠又兼交通不便以致設治以來對於放荒招墾各事雖經極力籌辦開闢熟田仍屬無多故所述荒務多畧而未詳

一撫松設治之初凡百政務均極簡畧近來地面稍靖民戶漸稠而政務亦漸繁多所志政治在昔多略近今較詳

一撫松爲初闢之地五方雜處良莠難分近來人事雖繁而禮俗不一故所志人事亦多簡略

一縣中人物對節孝將選咸無聞焉故僅述鄉耆鄉宦義勇用作模範並彰功績至科第一項雖無科舉尚有大學畢業及中等學校畢業者數人亦皆搜錄以勗來者

一撫松設治較晚縣志向未纂修此編純係草創文獻無徵內容多畧譾陋之譏在所不免現因時間倉卒先行付梓以備將來之參考

撫松縣志目錄

卷一

地理

夫地者萬物之資生也理者百凡之常經也顧劃野分疆設險以守其國無非地理之形勢量地制邑度地以居其民無非地理之設置他如考人物疆域之變遷察風俗氣候之同異統古及今博搜並志更無非地理之研究也故我撫邑古雖化外未列於禹貢九州今既隸屬版圖凡境內之形形色色誠不容忽視也述地理

位置

縣境位於省城之東略北長白山之西北居遼寧全境之東部以地當松花江上游故設治後定名曰撫松縣縣治居全境西偏舊名甸子原屬吉林濛江縣清季宣統二年設治改屬奉天長白府及入民國隸東邊道距省城一千里

疆域

縣境之疆域東自長白山巔起西至頭道松花江止東西寬約二百餘里南自老龍崗起北至二道松花江止南北長約二百五十里全境面積約三萬方里若除山水不計外則平原之地不及全面積十分之二三焉其經緯西起東經十度三十四分東至東經十一度三十四分（根據北平爲零度）南起北緯四十一度三十

七分三十秒北至北緯四十二度四十五分

邊界

縣境地處極邊叢林遍野東及東北界五虎頂子露水河與安圖爲鄰西南界龍崗山與臨江毗連東及東南則以白山之天池南下之老嶺張鳳草頂子爲限俱與長白接壤北依二道松花江與吉林之樺甸爲界西依頭道松花江及湯河與吉林之濛江爲界周覽形勢俱依山脈水流而成天然之區劃也

地勢

縣境地勢東南高而西北低羣山糾紛最大山脈分東西北三條大崗由長白山脈蜿蜒而來及至縣城附近山勢秀雅似有文明氣象起伏朝拱恍若龍虎之蟠踞設治於此非偶然也境内河流

雖多然皆水量淺狹兩岸石壁嶙峋波濤湍急不堪行船惟頭二道松花江暨松香河水量較深咸由長白山發源諸水環抱全境曲折西北流至兩江口頭二道江相會直達吉省源遠流長爲邑中巨川顧以河底暗礁頗多有碍航行現僅駛行尖咀小船及順流放行木簰而已倘施以人工畧行開鑿則航路不難通達而地面之振興尚可預期此撫邑地勢之大概也

險隘

縣境羣山環繞形勢天然西北部頭二道江松香河石頭河湯河諸水紆迴貫穿而北下憑山俯河不啻拊背而扼吭松樹鎮西南岔湯河口黃泥河子雙洋哨抽水洞諸處均爲兵家必爭之地東南部則廣野百里地勢漸高爲林木最富之區漫江營老道嶺露

水河等處亦防務上最重之地綜覽全境如重關叠鎖實爲要塞天然可耕之地雖屬無多而可守之險實爲東邊各縣之最也

區劃

撫邑設治於宣統二年春其第一任知事爲許公中樞維時地帶荒凉民戶稀少良莠雜居匪患迭至歷任知事剿防而外無遑他顧不特區村制尚未奉行即城鄉之區劃亦未能舉辦民國三年胡匪陷城知事湯公信臣殉焉繼任者爲由公升堂下車伊始即將全境劃爲九團以城廂爲第一團大營爲第二團西崗爲第三團抽水洞爲第四團北崗爲第五團萬里河爲第六團楡樹河子爲第七團倒樹河子爲第八團貝水灘爲第九團十三年知事高公文澔改團爲區全境又併爲三區以城廂爲中區城以北貝水

灘爲北區城以南松樹鎭爲南區十六年經知事張公元俊將中區改爲第一區南區改爲第二區北區改爲第三區十七年復將全境更爲七區以城廂爲第一區松樹鎭爲第二區萬里河爲第三區抽水洞爲第四區北崗爲第五區東崗爲第六區西崗爲第七區而學區自治區公安區始劃一焉因地處邊陲民戶零星區村制奉令緩辦鄉村辦事人員向有董事百家長財政員之設名目殊爲紛歧復將各區劃爲若干村遵照村制大綱各設村長副以辦理村中事務茲將區村表附列如左

區村表

第一區駐所附於公安局內全區邊界東至板石溝子西至松花江沿南至鵰窩砬子北至萬兩河

村名暨地名	原名	距城里數	距區里數
珠寶村	鵰窩砬子	二五	
馬鹿村	馬鹿溝	八	
韭菜村	韭菜溝子	五	
荒溝村	荒溝	一五	
大氷郎溝子		九	
小冰郎溝子		八	
老人溝		八	

鵰窩砬子		三〇
王八脖子		一五
楊家崴子		二〇
黃家崴子		二〇
石嘴子		八
南小溝子		二〇
蛤蟆石		二〇
內馬鹿溝		八
外馬鹿溝		八
高力溝子		六
頭道陽岔		八

二道陽岔		九	
三道陽岔		一〇	
頭道廟嶺		一八	
二道廟嶺		二四	
亂泥溝子		二〇	
姜家蹚子		二〇	
城塲溝子		四	
頭道溝		三	
二道溝		四	
三道溝		五	
腰營		一五	

南溝		八	
仙人橋		一五	
吊打松溝子		二〇	
青溝子		二五	
板石溝子		二〇	
猴石		三〇	
雞冠砬子		三〇	
頭道岔		六	
二道岔		八	
三道岔		一〇	
小青溝		七	

一道岔		八	
二道岔		九	
三道岔		一〇	
四道岔		一一	
五道岔		一二	

第二區駐所在松樹鎮全區邊界東至石頭河子西至四平街南至楊木頂子南老崗北至湯河口

村名暨地名	原名	距城里數	距區里數
松樹鎮村	松樹嘴	九〇	
海青鎮村	大營	四五	四五
西南岔		九〇	十八

公安嶺		九〇	二五
水洞溝		九〇	一五
城場溝		一〇〇	二七
頂溝子		一三〇	二五
虎貍溝子		一二〇	二五
六道湯河		一三〇	三〇
四道湯河		一四〇	四五
駁馬川		一五〇	六〇
元寶山		一六〇	六〇
灣溝門		一六〇	六〇
小蚊子溝		七〇	二〇

小馬鹿溝		七〇	二〇
夏藍子		八〇	一〇
小沙河子溝		七五	一五
東楊木頂子		一三〇	九〇
西楊木頂子		一二〇	九〇
樺石嘴子		一〇〇	四〇
西大川		一一〇	四五
蛤螺溝子		九〇	二五
石頭河子		七〇	五〇
大頂子		八〇	一〇
雙頭河子		八〇	二〇

海青嶺		六〇	六五
牛心頂子		六五	三〇
老鵝河		七〇	二〇
大拉木溝		六五	三五
仙人橋		四〇	五五
湯河口子		三〇	六〇
抽生溝子		四〇	五五
黑影崗		四五	四五

第三區駐所在萬兩河村全區邊界東至露水河西至梁道溝嶺南至松江河北至二道江

村名暨地名	原名	距城里數	距區里數

貝水灘村		二〇五	一八五
保安村	黃泥河子	七〇	四〇
向陽村	頭道岔	四五	一五
萬兩村	萬兩河	一〇	一〇
荒頂子		一五	二
砬子河		八〇	五〇
石胡溝		一〇〇	六〇
頭道岔		二五	五
二道岔		三〇	一
三道岔		三一	一
小黃泥河子		六五	三五

大黃泥河子		七五	四五
頭道砬子河		九〇	六〇

第四區駐所在抽水洞全區邊界東至駄道口嶺西至抽水洞口子南至太平川北至榆樹河口子

村名暨地名	原名	距城里數	距區里數
朝陽村	抽水洞	四〇	五
太平村	太平川	五〇	七
大清溝		二〇	二〇
梨樹園子		二五	一八
蓁沙河		五〇	一〇
榆樹河子		七〇	三〇

四鄧崴子		九〇	五〇
雙羊哨		一一〇	七〇
道青河子		九〇	五〇
小崴沙河		六〇	二〇
抽水洞口子		五〇	一〇
輜陽溝		四〇	三
石仁口		四〇	四
斗溝子		三〇	一五
草扒溝		二五	一五
城塲溝		四〇	二〇
太平川		一八	二五

雙溝子		二五	一五
牛截溝		一〇	三〇
大青溝口子		二	三〇
棒棰溝子		一〇	三〇

第五區駐所在北崗村全區邊界東至露水河西至腰營南至三道松香河北至頭道砬子河

村名暨地名	原名	距城里數	距區里數
礪沙村	砬子河	七〇	四〇
普河村		五〇	三〇
普春河		一〇〇	四〇
露水河子		一八	一二〇

東鵝毛頂子		一〇〇	四〇
西鵝毛頂子		七五	三五
大頂子		四〇	一五
青頂子		一〇〇	五〇
南崗		六〇	三〇

第六區駐所在東崗村全區邊界東至長白山西至二道廟嶺南至漫江北至三道松香河

村名暨地名	原名	距城里數	距區里數
國慶村	果松山	八五	三五
亂泥溝子	亂泥溝子	五〇	三〇
城場溝子		五五	三五

黃泥河子		七〇	一六
石龍崗		一〇一	三〇
黑塔崗		一二五	三五
烟筒砬子		一六〇	八〇
槽子河		一三〇	四五
大牛溝		一三五	五〇
小牛溝		一三五	四五
柳毛子河		一四〇	五〇
東崗		一一〇	一五
西南岔		六〇	三五
松香河		八〇	三〇

村名暨地名	原名	距城里數	距區里數
板石河子		八〇	一五
大沙河		一三〇	四〇
小沙河		一三〇	一四〇
大城塲		一五〇	七〇
新塲子村		一三〇	四〇

第七區駐所在西崗村全區邊界東至松花頭道江西至石頭河子南至漫江營北至崴子江沿

村名暨地名	原名	距城里數	距區里數
平安村		八〇	
小暴都城		一三〇	四〇
西崗		八〇	

崴子		四五	四〇
小山		一〇五	二〇
王八脖子		一二〇	三五
八匣子		六五	三五
柞木台子		一三〇	四五
柳毛河子		一二五	四五
漫江營		一七〇	八五
花砬子		一五〇	七五
楊木頂子		一二五	九〇

山脈

縣境居長白山之西北麓境内層巒叠嶂起伏爭妍極峻聳之能事然因榛莽初闢爲文人罕至之區文獻無徵故山雖多而有名者甚尟兹將長白山暨境内著名各山畧述如左

長白山　位於縣之東南境土人名曰老白山四時望之色白異常故名長白山中有天池環池多奇峰大者曰白雲曰冠冕曰白頭曰三奇曰天豁曰芝盤小者有十曰玉柱曰梯雲曰卧虎曰孤隼曰紫霞曰華蓋曰鉄壁曰龍門曰觀日曰錦屏又有伏龍岡雞冠岩汨日坡懸雪崖軟石崖四圍環繞池之左右有三泉曰金綫曰玉漿曰隱流池之東北有三山曰麟巒曰鳳巒曰碧螺偶值天朗氣清臨池縱目則怪石壁立絢爛照人其氣象之雄厚山勢之

崢嶸不特爲撫松諸山之主峰寔我遼寧全省第一名山也高約三十六里爲東北各省諸山之最高峰周約三百里居於撫松長白安圖三縣之間

老嶺　位於縣之東南境松花鴨綠兩江之分水嶺由長白山蜿蜒而西山勢突兀由長白山巔南起伏於長白撫松臨江三縣之間形如龍蟠故又名龍崗春花冬雪僻靜幽深縣南勝景以此爲最

北崗　在縣之東北境綿亙於露水河子松香河兩流域之間起於白山北麓之五虎頂子北行爲土頂子青頂子又轉而西行爲四方頂子萬里河掌又西南行爲葦沙河嶺荒溝至城北松香河北岸止山勢平坦廣袤無垠樹林陰翳老幹參天春夏則園蔆遍

野秋冬則積雪晧然羣峯環抱若隱若見蜿蜒約三百里即縣城之座山亦縣北之大觀也

東崗　在縣之東境介於松香河頭道江兩流域之間起於白山西泊子東行爲煙筒砬子黑河崗果松山崗頂平坦宜於培養園蔘形勢與北崗畧同蜿蜒起伏約二百里至縣城東炮台山止焉

西崗　縣之東南境在頭道江掌漫江石頭河子兩流域之間起於老崗張鳳草頂子之西老黑頂子北行爲赤柏松崗錯草頂子至隈子北石頭河子口止亦約二百里形勢與東北崗相似

西馬鞍山　城東北一百五十里

東馬鞍山　城東一百六十里

張鳳草頂子　城東南三百里爲漫江掌

土頂子　城東一百四十里
光頂子　城東南二百八十里在白山前
靑頂子　城東一百三十五里
孤頂子　城東南一百里
小山　城南六十里
石龍崗　城東南一百三十里
大荒頂子　城北二十五里
三瞪眼嶺　城西北一百十里
三聖嶺　城西北四十里
鵝毛頂子　城東七十五里
黑河崗　城東南九十里

國慶山　城東一百里
海青嶺　城南五十里
蚊子溝嶺　城西南八十五里
黑河崗　城東一百二十里
烟筒砬子　城東一百六十里
四方頂子　城東北一百八十里
東楊木頂子　城南一百三十里
西楊木頂子　城南一百二十里
萬里河掌老崗　城北六十里
葦沙河崗　城西北六十里

河流

縣境位於松花江上游故松花江爲全縣所會歸地勢東南高而西北低是以河流多發源於東南而流於西北此所謂順山勢爲水勢也茲將其著名者畧述如次

梯子河　源出白山正巔前懷天橋東山澗下流寬五六尺不等水深一二尺河崖深七八丈十數丈二十餘丈尚有深不可測之處又名地河人獸墜入其中絕無生路南行五六十里有橋橫其上非土非石掘之似砂堆成人馬行其上頗懷戒心據獵人云不知幾千百年矣俗名梯子橋又名天橋

緊江　源出白山前懷西北流水勢湍急故曰緊江會樺皮河子梯子河旱河諸水牟花砬子與漫江相會由源至口約百八十

里源流約三十里許有溫泉名曰湯上水甚熱硫磺氣味能達三四里由湯上下行二三里江内有石石面上有二孔極細由孔向上噴熱水名曰洗眼湯

漫江　源出老崗張鳳草頂子向北流水勢平緩兩岸多肥沃之田産魚最多北流約百七八十里至花砬子與緊江相會下流爲松花頭道江

頭道松花江　撫境諸水以此流爲最長其源有二一曰緊江曰漫江均發源於白山西南麓因其流一急一緩得名二江相會蜿蜒於東西兩崗之間西北流至湯河口與湯河相會復北流爲撫濛兩縣之天然界限至縣城北三里許與松香河相會由此西北流至四區抽水洞復折而北流至兩江口與二道松花江

相會北流入吉林樺甸界約行撫松境內曲折約五百餘里其水之深度湯河口以下至縣城僅可行木筏縣城以北則帆船之小者尚可往來自如惟水底間有暗礁畧加開鑿即可航行亦通輪便利之河流也茲將頭道松花江支流名稱述之如左

樺皮河子　鼠尾河　黑　河　黃泥河子

外塔河　小黑河　板石河子　城塲溝

大青川　老人溝　荒　溝　小青溝

大青溝　半截溝　上雙溝　下雙溝

太平川　草扒溝　黎緣溝　葦沙河

道青河子　榆樹河子　石頭河子　塔　河

松香河　湯　河

二道松花江　源出於安圖界白山之北麓合安屬頭二三四四道白河西流至露水河口始入於撫松與樺甸兩縣之分界處西行至貝水灘折向西北流會諸道砬子河及樺境諸道柳河復折而西西南至薛家船口與黄泥河子相會西流至兩江口與頭道松花江相會北流入吉林樺甸界内約行撫境内二百里較之頭道松花江水量稍深木筏帆船均可行駛亦因暗礁稍多故航行尚未通達也兹將其支流在撫松境内者述之如次

露水河　細鱗河　哨子河　縮脖子溝

麻石河　旱湖溝　石湖溝　扁棗湖溝

潤溝　小繩溝　石頭溝　五道砬子河

四道砬子河　三道砬子河　二道砬子河　頭道砬子河

北太平川　海　溝　旱　窰溝　豺　狼溝

張　三　溝　三　道　溝　貝　水　灘

松香河　源出於白山西北麓流於北岡東岡之間委折而西北流至縣城北流入頭道江內茲將其支流述之如次

槽　子　河　柳　毛　河　黃　泥　河　大牛溝河

細鱗河子　二道松香河　三道松香河　蒲　春　河

槟　榔　河　萬　兩　河

湯河　源出於濛江縣境之灣溝因濛岸有溫泉故名湯河東流至駁馬川以下即入於撫濛兩縣之間再折而東北流經松樹鎮海青鎮至湯河口注入頭道松花江此河水流甚急茲將其支流述之如次

城墹溝　水洞溝　蚊子溝　馬鹿溝

海青溝　下窪子　小沙河　小湯河

旱河　在梯子河下游寬三丈許河身高十餘丈砂石淤墊並無流水相傳水由河底滲入緊江故稱曰旱河

城池

我撫舊屬吉林自清宣統二年改隸奉天設治以來雖有官署並無城郭民國三年七月間胡匪陷城知事湯公信臣被難繼任由公竹庭遷縣署於城內爲防務起見掘壕修築土城城高八尺許壕深廣各丈許城南面一百八十五丈北面一百八十丈東面二百二十五丈西面二百二十丈周圍計八百一十丈有門五東曰勵山西曰襟江大南在西曰安瀾小南在東曰獲鹿北曰帶河門外壕上設木橋以通行人橋長二丈四尺寬一丈五尺東門內舊有水渠下有泉與江通隨江水爲消漲門外百餘步爲松香河故道各修一橋內曰通江橋外曰古松橋又北門內外各有小橋一共爲五門九橋民國四年由公因壕淺城低重加濬築凡三次連

門橋各工歷五閲月始竣事民國十五年秋知事高公伯輿因隔江與吉林濛江相望形勢極稱險要於西城門上特建一樓工甫竣而匪亂起城池橋梁踐毁殆盡民國十六年知事張公傑三將土壕及城門橋梁幷原有城角炮台四座東山炮台一處逐一重修又於土城之上植柳作柵並於縣政府公安局及城關要隘增築炮台以資守衛幷勸令殷寔商民一體建修由是撫松縣城之炮台矗立於雲霄之間而城關防務亦日見鞏固矣茲將城關炮台述之如次

縣政府炮台二處

公安局炮台三處

大南門炮台一處

小南門炮台一處
東南城角炮台一處
東門樓炮台一處
東北城角炮台一處
北門炮台一處
西北城角炮台一處
西門樓炮台一處
西南城角炮台一處
南江沿炮台一處
西江沿大炮台一處名曰鎮江樓
北營門前炮台一處

城西南市塲炮台一處

以上係公家建修均常川派隊駐守至於殷實商民自行修築以備自衛者舉目皆是茲將其有關城防者擇要列之

東街福盛祥建炮台一處

東街福盛湧建炮台二處

東關裕盛泉建炮台二處

東關汪盛奎建炮台二處

南關義盛祥建炮台二處

南關瑞升湧建炮台二處

西關福合泉建炮台四處

西關福升合建炮台一處

北關德興泉建炮台二處

農會建炮台一處

商會建炮台一處

以上係商民自行建築於城防關係均爲重要此外有東山炮台一處居東山之巓俯瞰全城係由公竹庭所建題曰鎭邊樓年久失修經張公傑三籌款重修常川派隊駐守每有軍隊進城即預先鳴鐘報告於城關防務亦極有關係云

公廨 附各會所

縣政府　當清宣統二年設治之初設治員許公位三因地處邊陬人民稀少又以款項支絀遂佔用草房正廂各三間設衙署於大北關即今陸軍防所西北隅之正廂房迨至民國三年胡匪陷城知事湯公信臣被難衙署蹂躪不堪繼任知事由公竹庭到任將縣署遷移城內大什街南大小南街之間僅佔用民有舊草正房五間門房三間廂房二間後臨街房三間共草房十三間墻壁皆以木板築成至民國六年知事蘇公秀庭接修二堂二間民國七年知事梁公煥一又接修二堂一間增建監獄瓦房七間民國十年知事曹公樹蔭到任後復增建內宅七間並於衙署周圍修築板障以資防衛民國十六年一月知事張公傑三到任適值胡

匪陷城之後蹂躪過甚加以原有草房多年失修四圍板障亦均
朽腐監獄防守實感困難是年六月募欵修葺舊有草房並建修
頭門瓦房三間圍墻九十六丈於東南西北兩隅各建炮台一座
以資守衛至民國十八年春張公請准由省庫撥現大洋三千元
重建大堂三楹東西兩廊各五間於大堂左右修築法庭辦公室
各二間並建儀門一座儀門外東西廂各五間庫房厨房各三間
原有草房七間翻修瓦房共四十七間頭門外開東西官道一條
建修東西轅門各一座照壁一座較昔完整焉

監　獄　附於縣政府計瓦房七間

財政局　附縣政府院內佔用瓦房三間

稅捐局　附縣政府院內儀門外佔用瓦房三間

墾務局　附縣政府院內

公安局　在縣城大南門裡路西係議事會舊址原有瓦正房五間西廂三間東廂四間民國十三年經所長劉雲峰接修西廂二間十六年經所長黃漢傑增建炮台三座十七年經所長張璞菴增修門房六間圍墻四十餘丈十八年因房不敷應用復經局長張璞菴增修西廂板房五間十九年春經局長杜煥章建二門一座計共二十五間而公安第一區分局附駐院內

公安第一區分局　在公安局院內

公安第二區分局　在城西南松樹鎮

公安第三區分局　在城北萬兩河

公安第四區分局　在城西北抽水洞

公安第五區分局　在城東北北崗

公安第六區分局　在城正東東崗

公安第七區分局　在城東南西崗

教育局　在縣城大南門裡路西瓦房七間

電話局　在縣政府門前租川民房三間

電報局　在縣城大南門裡路西

郵政局　在縣城東門裡路北

陸軍駐所　在城北分東西兩院西院係縣署舊址原有草房正廂各三間民國七年暫編陸軍來撫駐防因房間不敷增修西廂三間十四年團長邵仲三接修西廂八間并建門房十五間計三十二間即今縣立師範學校及第六小學校在焉東院原

係農業試驗場民國十一年經團長趙貢九因設團部房間不敷由商會出欵建築計四十二間即今省防陸軍二團一營三連所駐焉

林區駐在所　在大西關路南

教養工廠　在北門裡路東

公安大隊部　在大小南門之間

公安第八十二中隊　駐縣城北黃泥河子

公安八十二中隊一分隊　駐八十二中隊院內

公安八十二中隊二分隊　駐北岡

公安八十二中隊三分隊　駐榆樹河子

公安第八十四中隊　駐縣東關路南

公安八十四中隊一分隊　駐八十四中隊院內
公安八十四中隊二分隊　駐馬鹿溝門
公安八十四中隊三分隊　駐東崗
公安第八十三中隊　駐松樹鎮
公安八十三中隊一分隊　駐八十三中隊院內
公安八十三中隊二分隊　駐西南岔
公安八十三中隊三分隊　駐西崗
農　會　在小南門裏路東
商　會　在小南門裏路東
教育會　附教育局院內
蔘　會　在縣政府前街
醫學研究會　在小南門裏路西

屠獸塲　在城西北頭道江沿

山東同鄉會　在小南門外路西

難民收容所　附山東同鄉會院內

師範學校　在縣城北門外

縣立第一小學校　在大南門裏路西

縣立第二小學校　在縣城南關

縣立第三小學校　在縣城東關

縣立第四小學校　在縣城北門裏東胡同內

縣立第五小學校　在海靑鎭

縣立第六小學校　在縣城北關

縣立第七小學校　在松樹鎭

縣立第八小學校　在萬兩河

縣立第九小學校　在抽水洞

縣立第十小學校　在鵰窩砬子

縣立第十一小學校　在東崗

縣立第十二小學校　在黃泥河子

鎭基一

松樹鎭　原名松樹嘴四面依山傍水在縣城西南公安二區管境爲赴臨江之通衢距城九十里街址東西長約一里半南北寬約一里全面積不足二方里西山岡原修陸軍營部一所現公安分局佔用設東西大街一道長約里半有奇外有南北小橫街數道稅捐分所第七小學校均駐於街之西端電話局及村公所設於街之中央街之東首設有公安中隊按本鎭設立最早其年月無從詳查當初設縣治時即有居民二十餘戶現在合商民共計已增至二百五十餘戶推爲邑中巨鎭惟與縣城比較尙遠不及爾附圖於左

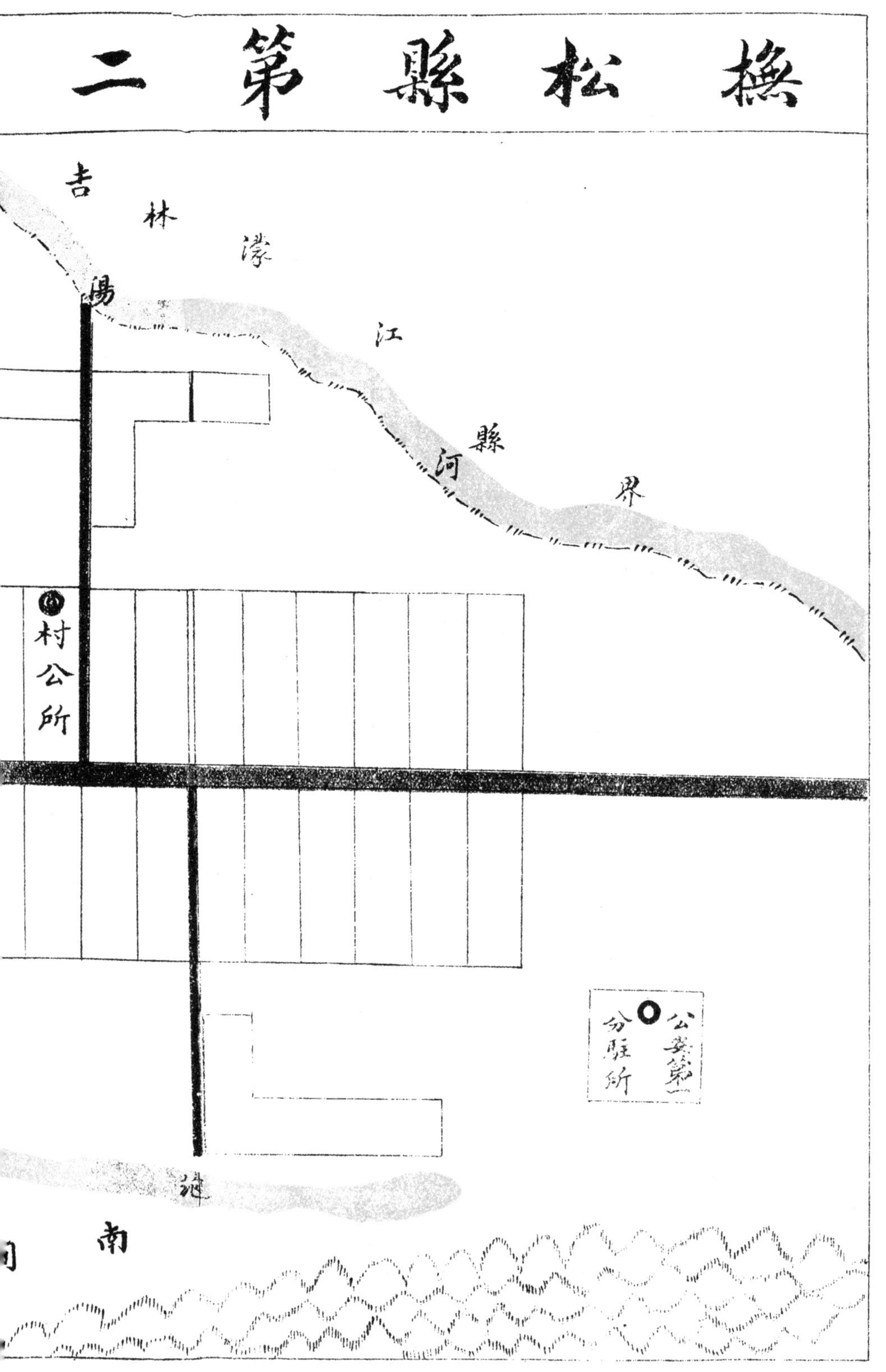
撫松縣第二
吉林濛江縣界
湯
河
村公所
公安第一分駐所
南

松樹鎮街基圖

省界	分局	税捐分卡	煤公司	村公所	電話局	學校	駐所	山脈	河流

圖例

公安二分局

税捐分卡

煤礦公司

小學校

水

北

西

東

南

鎮基二

海靑鎮　原名大營在邑南公安二區管境距城四十五里地址長寬各約里許民國二年春知事汪公鳴鶴以地當赴臨江要衝急宜開放以利交通乃先勘定東西大街一道將街基編成三十餘號每長十六丈寬八丈爲一號飭令商民報領建築房屋經營商業惟因地近縣城而居民貿易多赴城市更兼向無守禦近今始修炮臺添設分卡誠恐防範未周或遭不測故自成立以來僅有商民二十餘戶十七年秋經張公在該鎮街東又續放街基以期發達近來胡匪肅淸商民日見增多設立小學一處女學一處稅捐分局道路橋梁異常整潔頗見發達氣象附街基圖如左

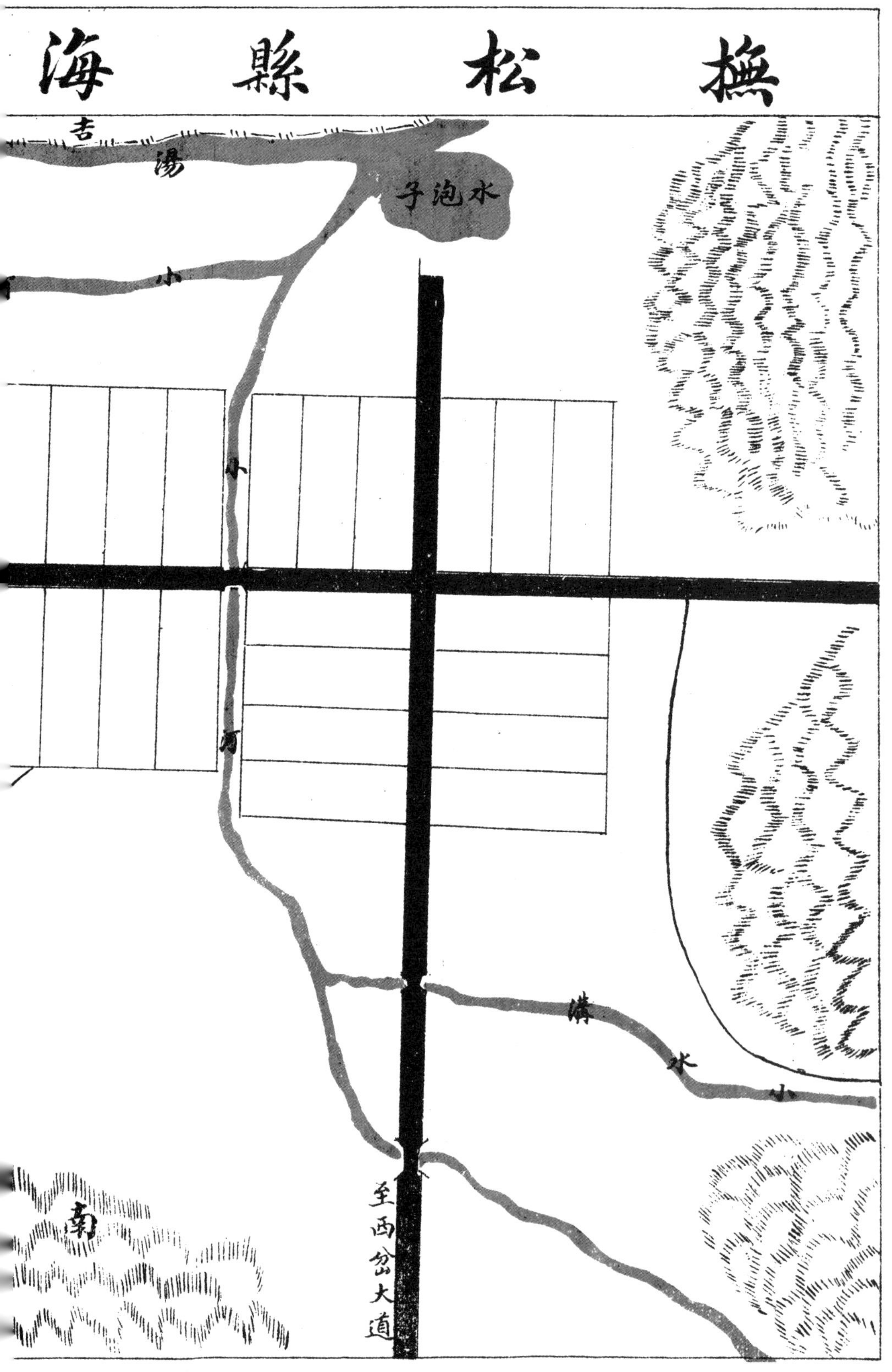
撫松縣海
吉
湯
水泡子
小
小
河
溝
水
小
至西岔大道
南

一鎮街基圖

圖例

省界	分所	村公所	學校	河流	山脈	大道	小道	水泡	水溝
			文						

縣 江 濛 河

岔

公安第二區第一分駐所

文

水甸子

西南小溝

山

北 東 西 南

鎮基三

萬兩鎮　舊名萬兩河在邑北偏東公安三區管境距城約三十里民國十七年該區區官江蘊奇爲興通地面便民利商起見邀集地方紳董討論開設市鎮辦法乃於區所東首坎下拉成集場街號東西長約里許南北寬約一里有奇勘定南北大街一道將街基地縱横各劃爲十號一面飭令商民報領建築房屋業商居住一面擬定簡章繪具草圖呈請備案嗣奉縣令將萬兩河萬名改稱萬兩鎮現在建築工程將竣公安分局村公所小學校均設於街内附簡章及圖於左

簡章

第一條本章程爲興通地面便民利商起見並遵照淸鄉局歸併

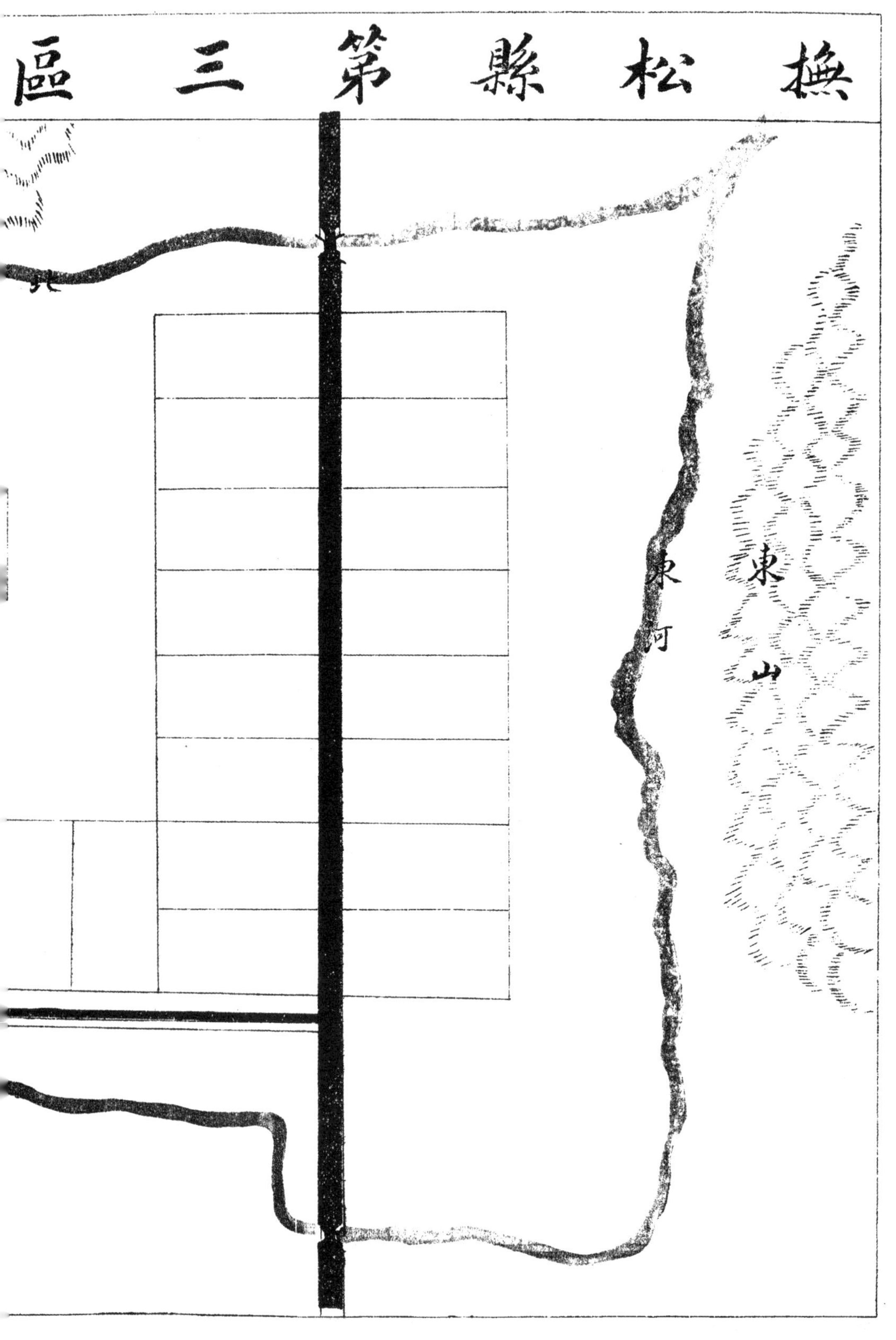
撫松縣第三區
東河
東山

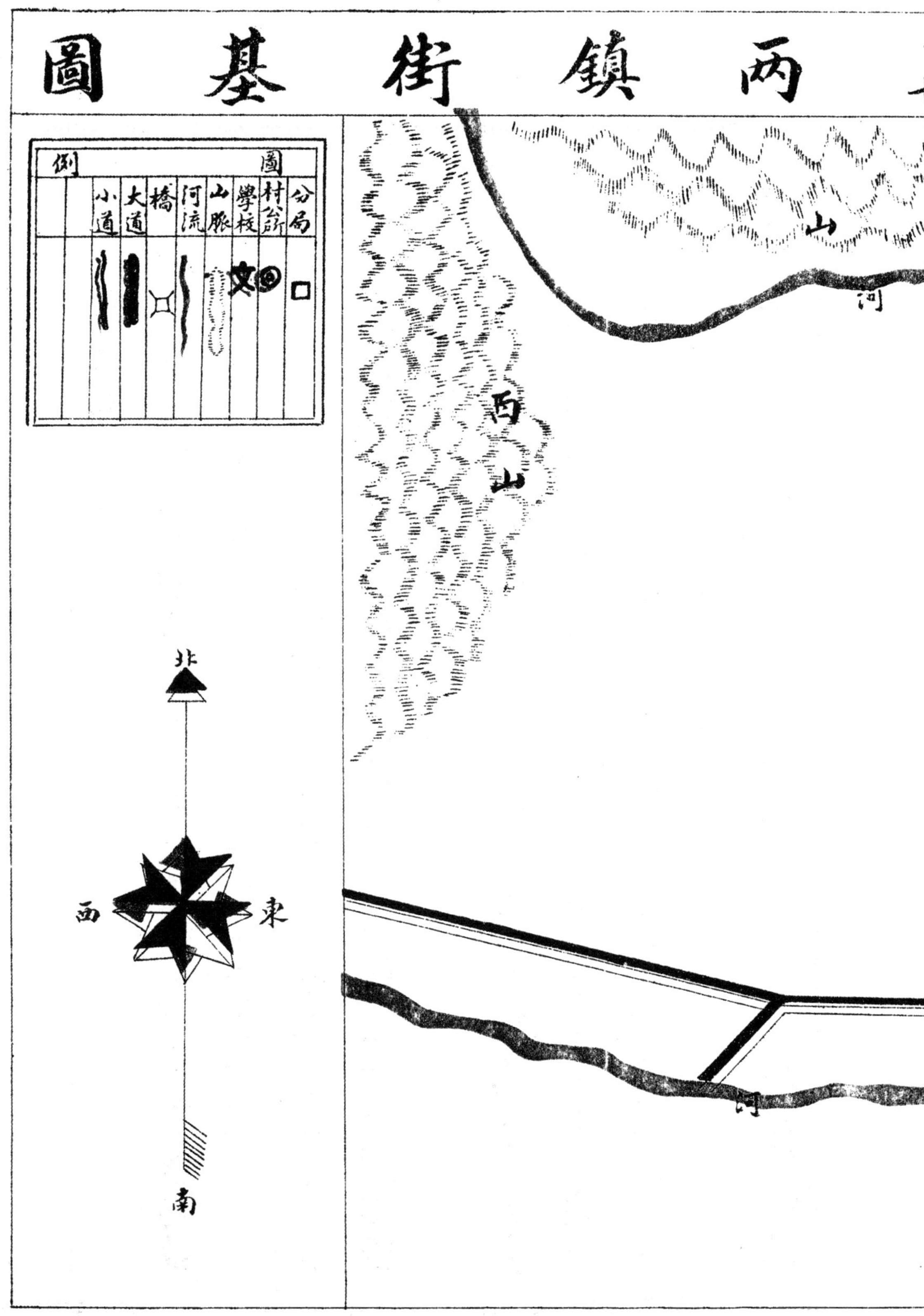
兩鎮街基圖
圖例
公局
村公所
學校
山脈
河流
橋
大道
小道
山
河
西山
北
西
東
南
河

村屯辦法爲宗旨

第二條本章程施行區域以公安第三區東首坎下邱得勝林荒一段劃爲街基任商民買用建築房屋業商住民

第三條查萬兩鎮係邱得勝原報林荒至今未曾開墾就近公安區砍伐林木設爲街基散住商民可得買用建築房屋營業居住與防剿兩有裨益

第四條商民買用萬兩鎮街基分爲兩等上等即萬兩鎮街基官道左右寬十二丈長二十丈爲一號作價奉大洋二百五十元中等即街基兩頭及河沿等處寬十二丈長二十丈爲一號作價奉大洋二百元

第五條商民買川街基得由原地主出立賣契按照規定價格給

價以便稅契

第六條商民價買街基由公安區代爲辦理所得價金完全歸原賣主收受本區不得收慰勞費

第七條此街基係先後按號買用不得擇選

第八條買用街基立契後限八個月內至少得建築草房五間逾限得任他人另買建築酌給原價

第九條本章程由請准備案日施行

鎭基四

太平鎭　舊名朝陽屯在邑西北公安四區管境距城四十里民國十七年該區區官溫瑞英見區內山深林密地曠人稀商塲闕如交易不便因詳察地方形勢於區所西側民戶濮永印林荒一段開爲鎭基劃東西大街二一名朝陽街一名官道街將街基地編成號數定價出賣飭令商民報領建築房屋以便營商居住遂繪具草圖擬定簡章呈請備案嗣奉縣令將朝陽屯舊稱改爲太平鎭以符名實迨本年春房屋街道俱各修築齊整現已報竣公安四分局村公所小學校均設於街內附簡章及圖如左

簡章

第一條本章程爲興通地面便民利商起見並遵照淸鄉局歸併

村屯辦法爲宗旨

第二條本章程施行區域以公安第四區西邊濠永印林荒一段劃歸屯基任商民買用建築房屋業商居住

第三條查朝陽屯係濠永印原買紀姓林荒至今未曾開墾就近公安區砍伐林木設爲屯基散商民可得買用建築房屋營業居住與防剿兩有裨益

第四條商民買用朝陽屯街基分爲三等即朝陽街路北爲上等寬十丈長十五丈爲一號作價奉大洋二百元中等即官道街寬十丈長三十丈爲一號作價奉大洋一百五十元下等即官道街路南寬十丈長即北至官道街南至小河作價奉大洋一百元

第五條商民買用屯基由原地主出立賣契按照規定價格給價以便稅契

第六條商民價買屯基由公安區代爲辦理所得價金完全歸原賣主收受本區不收慰勞費

第七條此屯基係先後挨號買用不得擇選

第八條買用屯基立契後限一年內至少得建築草房五間逾限得任他人另買建築酌給原價

第九條本章程由請准備案日施行

鎮基五

漫江鎮　原名漫江營在邑東南公安七區管境距城一百五十里土地肥沃出產豐富因向受胡匪滋擾原有墾戶相繼遷移近年以來胡匪肅淸地面平靖如仍任其荒棄殊爲可惜民國十九年秋縣長張公元俊有鑒及此特請准　省憲親往該地查勘漫江營熟地二段開放街基宅基劃定南北大街二道東西大街一道將街基編成六十餘號每長十五丈寬八丈爲一號宅基四十餘號每長十丈寬六丈爲一號招商民報領建築房屋經營商業惟因地距縣區較遠保護不週當將公安分所村公所均設於街內以資防守其餘隙地俟商民增多即行續放以期發展附街基圖如左

遼寧省撫松縣漫江村設集劃定街市宅基用地詳圖

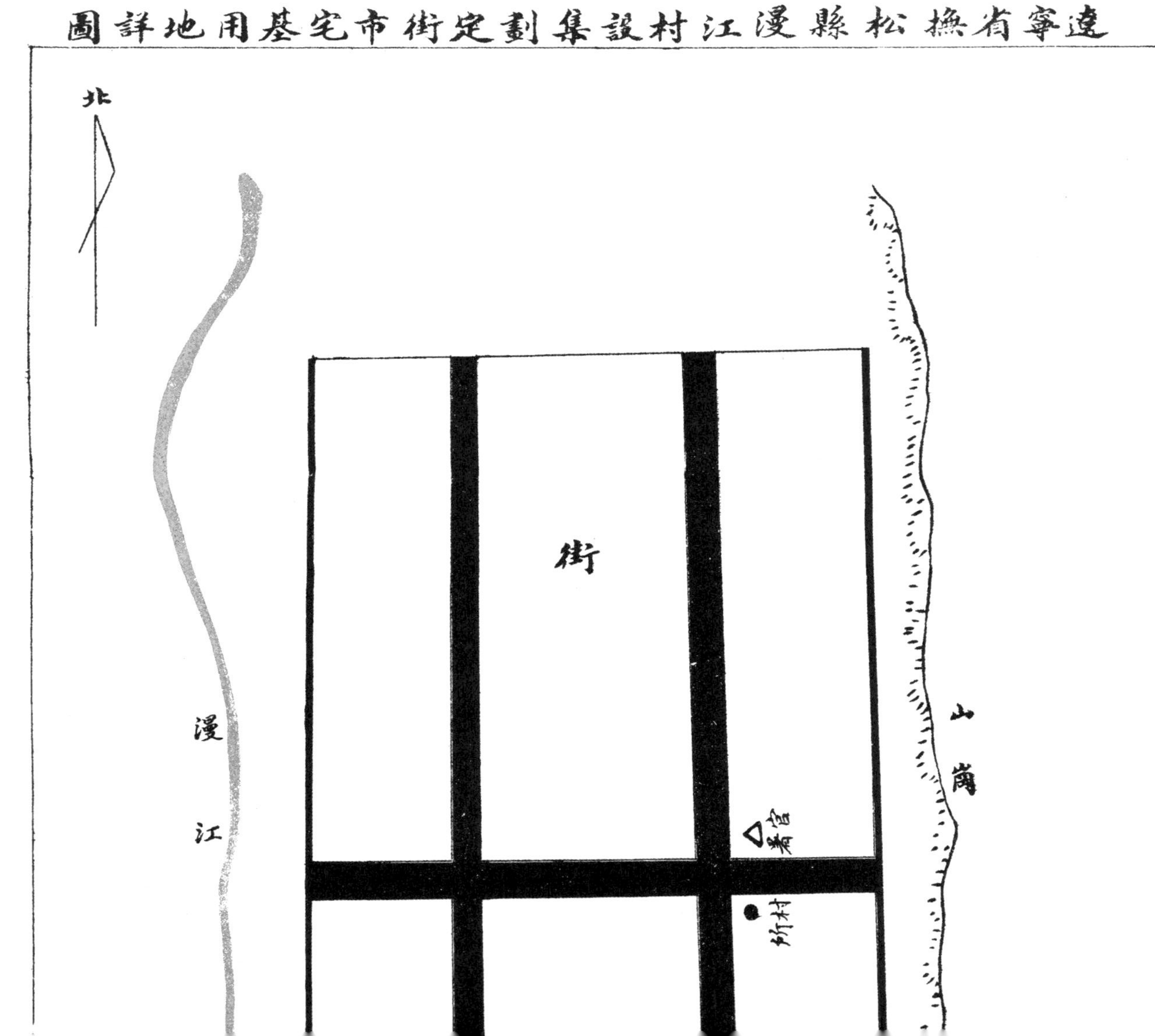

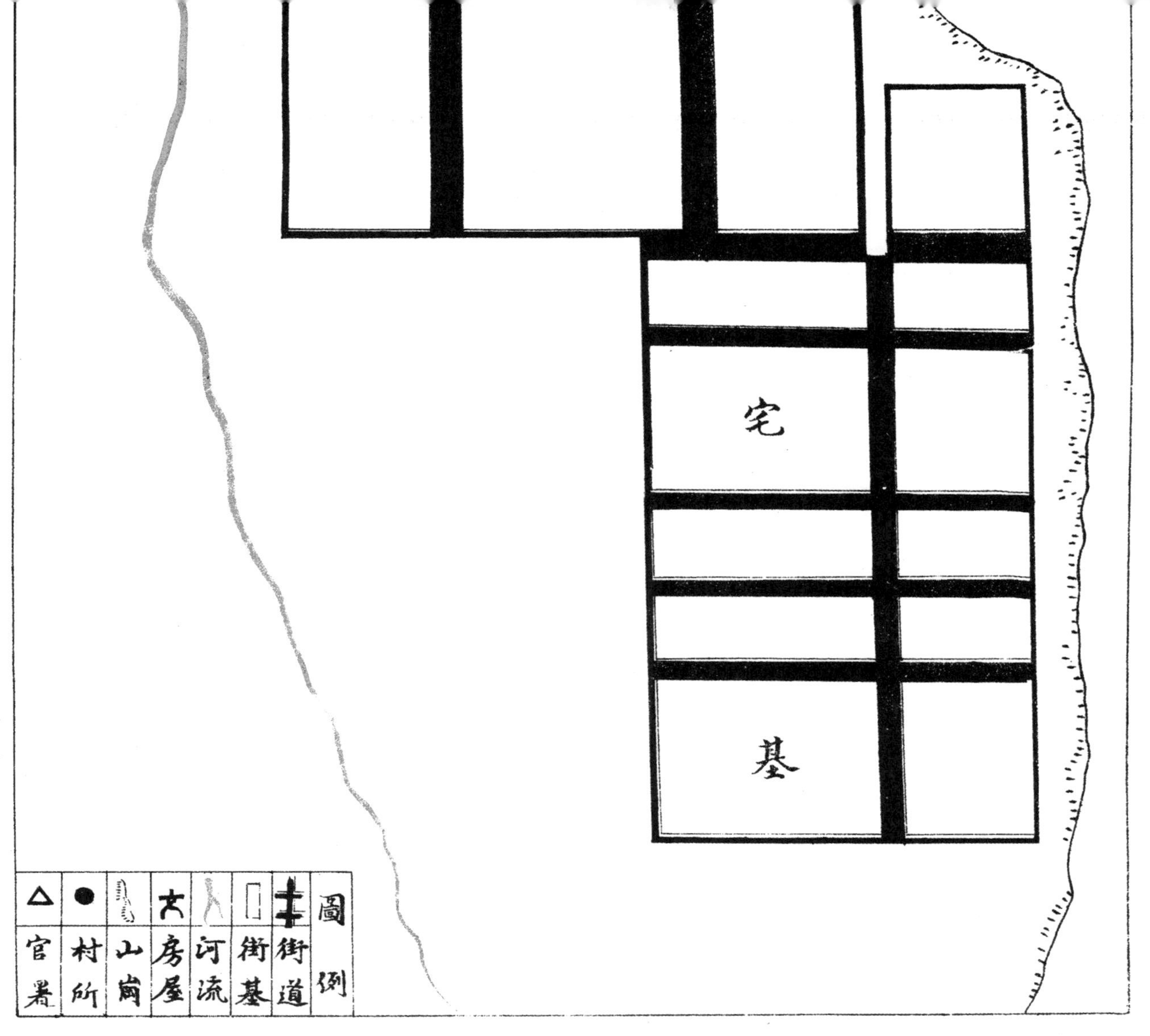

宅
基
圖例
街道
街基
河流
房屋
山崗
村所
官署

交通

道路　縣境自東北之露水河至西南之松樹鎮長約二百五十里爲臨撫安往來之要道惟向以山嶺崎嶇叢林滿野交通極感不便嗣經知事張公傑三督飭各區分段修理開寬嶺道修建河橋今則冬季可行扒犁夏可通行駄子行旅較爲便利松樹鎮與海靑鎮之間沿湯河而行河水一有暴漲即不能通行且跨湯河兩岸達於濛江縣境胡匪出沒無常行旅極感不便復由海靑鎮南經西南岔開一可通臨江之新道以利交通茲將由縣城距各處里數分述於次

西南至松樹鎮九十里

西南至老嶺一百一十里與臨江分界

南至西南岔八十里
南至海青鎮四十五里
東南至西崗防所八十里
南至鵬窩砬子防所三十里
東至東崗防所九十里
東北至露水河子防所一百六十里與安圖縣分界
東北至北崗防所五十里
東北至貝水灘防所二百二十里
北至萬兩河防所三十里
北至黄泥河子防所六十里
西北至抽水洞防所四十里

西北至榆樹河子防所七十里

西北至兩江口一百五十里與樺甸縣分界

東南至漫江防所一百五十里

船渡　撫松大水以頭二道松花江及松香河湯河爲最大各交通要路均設有小船以渡行人俗名艑艭擇要列之於次

西江沿渡船　在縣城西里許舊名犇牛哨可通濛江

北松香河沿渡船　在城北二里許

南甸子江沿渡船　城南八里

湯河口渡船　城南三十八里

窰營渡船　城東北十五里

貝水灘渡船　城東北二百二十里

砬子河渡船　城北一百三十里

薛船口渡船　城北九十里可通樺甸

兩江口渡船　城北一百里

橋梁

古松橋　在縣城東關

礪山橋　縣城東門

通江橋　縣城東門裡

獲鹿橋　縣城小南門

安瀾橋　縣城大南門

襟江橋　縣城西門

帶河橋　縣城北門

內帶河橋　北門裡

外帶河橋　北門外

湯　河　橋　由縣城南三十八里之湯河口起經海青鎮松樹鎮至老嶺計七十里共有木橋二十一道

露水河橋　城東北一百六十里

萬里河橋　在城北三十里

馬鹿溝橋　在城南八里

石頭河子橋在城南一百三十里

漫江營橋　在城南一百五十里

郵路

由縣城西至濛江縣計一百二十里

由縣城南至松樹鎮九十里再過老嶺可達臨江

由縣城東北行可達安圖縣計三百里

電線

撫臨線　由縣城南行經海青鎮松樹鎮達臨江此線可通

電話并設有電報專線

撫安線　由縣城東北行經北岡露水河可達安圖縣城僅

通電話

北岡電話　附撫安線

露水河電話　附撫安線

海青鎮電話　附撫臨線

松樹鎮電話　附撫臨線

萬里河電話　由縣北行三十里

黃泥河子電話再由萬里河北行四十里

抽水洞電話　由縣西北行四十里

東崗電話　由縣東行一百里

西崗電話　由縣南行一百里

撫濛電話　由縣城渡江西經濛江境榆樹川頭二道花

園可達濛江

動物獸類

畊田輓車端賴家畜豐林深谷更多野獸况飼養調護土脈氣候所關乎人事天工者尤爲特別原因故撫地獸類視他處爲獨良也是以全境之獸類無論家畜野獸往往較異地爲最優中如家畜之牛特高長力大而耐勞野獸之紫貂紅狐猞猁水獺以及鹿茸熊胆爲本地特產絕非異地所能及者兹分志之

牛　撫松之牛較他處高大農家多畜之用以耕田輓車回民多宰殺之以貨其皮肉殊可惜也

馬　本境所產無多率皆購自外境多用騎乘輓車身體短小畜者極少

驢　似騾特小耳大頰長額廣有灰白黑三色特以水土關係

不甚蕃殖

騾 似驢特健大本境農家多畜之

羊 小曰羔大曰羊山羊色黑綿羊色白絨可爲氈皮可爲裘

本境始有豢養者

羊 形與羊相似色灰血可治婦科百症

犬 即狗乃家獸也多黃黑色亦間有雜色者本境有三種

（一）身長足高而性馴者（二）身偉足短俗名板櫈腿喜

狂吠（三）身小頭圓面凹視聽多敏曰巴狗毛有類獅子

者又稱曰獅子狗

豬 色多黑頭與腰或雜有白毛亦有類貛子者爲人民肉食

第一大宗幾無家不豢養之兹分爲二種（一）頭小腹大

易肥俗曰荷包豬（一）長嘴大耳身與足稱可三四百斤俗謂之閩豬

野豬 色黑生於深林中性猛能食人大者可六七百斤數十爲羣

貓 能捕鼠也俗謂牡者狼爲貓牝者爲乳貓多黑黄色亦間有貍花者本境滋育不繁人家恒珍視之

兎 有家畜野生二種家畜者毛色純白或純黑長耳缺脣足前短後長躍而不及步性最易馴野生者與家畜者略同毛色雜或有白者最畏人故不常見

鼠 有家鼠花鼠鼬鼠飛鼠鼬鼠俗名黄鼠狼土人獵得其皮售之俄人獲利頗厚豆鼠灰鼠田鼠老鼠數種若家鼠花

鼠可供玩戲惟老鼠人所共惡俗稱耗子灰鼠極夥皮可爲裘至冬人多獵取其皮售之價亦昂貴飛鼠有肉翅在林間空中能飛體小俗名高力馬皮無用處

虎

面方頭圓狀似貓而大如牛巨目闊口鋸牙鈎爪短頸健鬚細毛長尾牡毛色青牝毛色黃犁間以黑紋一嘯風生聲震山谷獵者取之骨皮皆爲珍貴惟性兇猛獵人取之往往被其傷害

狐

形似狗畧小鼻尖尾大晝伏夜出聲如犬而直細毛如貉而溫本境森林中到處多有其色青黃者曰豆青狐淡黃者曰沙狐毛色赤者曰火狐又有白狐黑狐不恒見我國狐裘以北狐爲最珍出於本境者尤夥

狼　大如狗常五七成羣尖頭白頰鳴能大能小善爲小兒啼聲以誘人其猛捷者人不能制之則設種種方法捕獲之或設陷阱内藏小豕以誘之或用手礮以擊之其皮可爲褥品亦珍貴

麞子　形似鹿較小

狸　與家貓畧同性猛鷙或黑色或犁文比家貓較偉大身長二尺餘毛厚而細圓目烱烱足最敏捷恒入人家竊食雞雛

獾　形如豕體小而肥毛深褐色秋後薰其穴取之皮可爲褥去潮溼患痔瘡者坐之最宜

蝟　與鼠同類異種長尺許喙尖尾禿遍身𣯛毛故曰刺蝟能

竊食瓜類捕得以筐覆之經宿則無咸謂其能土遁

鹿

本境多產之有梅鹿馬鹿兩種梅鹿較馬鹿珍貴牡者均有茸角牝者有鹿胎爲藥材中最貴品獵者恒於春季入山捕得之居人多有豢養者俗稱家鹿每屆春季割取茸角以製藥材家養鹿茸曰鋸角山獲鹿茸曰砍角砍角貴

麅

形似鹿而小其肉可食味同牛肉其皮爲褥能隔潮溼

熊

山林恒有之全體皆黑身似笨拙而性特靈力最大恒食人畜其皮可爲褥其足供食用故熊掌爲食品中最珍重之物其膽能除肝火爲藥品難得之物治眼疾最爲有效

豹

性似虎尤兇猛身有斑點色甚美麗故俗稱金錢豹爲特生之一種相傳爲虎產殊非其皮爲褥極稱貴重

貂　形似家貍產山林間獵人入冬捕貂者名曰蹍貂於雪地上認得其踪跡日夜追之倘遁入樹穴或石隙中以烟火薰之外張網捕之如一冬每人捕得三二頭即稱發財皮極昂貴可製裘帽俗稱關東三寳之一

猞狸　形似狐特大尾短多黃色雜以白沙斑點皮可爲裘爲特生之一種俗謂猿與狐狸相配合而生猞狸殊非盖此地從無猿何來配合之有

水獺　狀似貓而長大尾色灰甚光澤皮可爲帽及領緣產額極少

禽類

禽有家禽野禽之别撫地民戶多由內地遷移而來普通家禽如

雞鴨之類家家畜之若野禽在撫境江河交錯山林深邃異鳥珍禽所在多有每當春夏樹青水碧聽鳴聲之緡蠻如琴如瑟如笙如簧其悅人之心神有非言語所能形容者茲分述之

雞

種類不一大小形色亦異卵大而殼多紅者爲撫松本産足短身小卵白者爲高麗産種小毛羽密厚喜孵卵善飛者爲廣東産種毛與骨俱黑者爲烏雞餘有雙冠者兩腿毛護者形色各異凡村屯夜半羣雞無故亂鳴者常有胡匪之儆是雞雖常畜而亦靈禽也

鴨

雄者鳴聲啞啞尾有捲毛黑白褐三色頭綠雌者黑麻色聲甚大喜近水夏多露宿不善孵卵每以雞代之如行時雄前雌後輒成行列卵醃食爲佳肉於秋冬豢肥蒸調得

法鮮美無異南鴨

鵝　狀似雁色白或灰長頸大脚性靈晝夜有所見輒鳴而聲宏大畜者必雙

鷹　嘴長內曲如鈎爪亦最利猛展兩翼寬四尺許分黑黃二色翎毛各有橫文捕食兎雉獵戶養其雛馴使逐禽獸

雀鷹　即鷂也類鷹而小灰色尾有淡黑橫文以捕食小雀故名雀鷹

魚鷹　類鷹身小色灰碧尾短嘴長能向水面捕魚故名曰魚鷹

鳶　俗名鷂鷹嘴短毛長眼最快慣向空中盤旋下注尋食好捕雞雛等物

鴞　俗名貓頭又稱夜貓子眼黃而圓大爪利而銳頭有毛角

雙峙如兩耳類似貓首晝伏夜飛好破他鳥巢食其子及卵入村鄉好食雞貓其鳴如撮口相呼如人鼾睡聲鳴時不歇俗呼哼虎所鳴之處鄉民稱有禍至

雁

形似鵝灰褐色鳴聲嘹喨飛則成行或如人字或如一字秋南春北每就河湖沙中棲宿

鴇

水鳥大於雁羽毛白飛極高善步行一名天鵝又名黄鵠形頗似鶴亦名黄鶴與雁異

鳧

俗曰水鴨又稱野鴨有大小兩種小者嘴稍圓結隊能高飛大者嘴扁與家鴨相似聲亦相同春初氷解秋末水寒咸臨河捕魚

鸛

俗名水老鸛有灰白二色高足長頸慣棲淺水捕魚得鱔

類屢呑屢洩末餘脊刺一條其巢每在高樹上時喜羣飛

水蔦子 小鳥也赤褐色馳行甚疾鳴聲啕啕沙灘河邊常見之

翡翠 水邊小鳥也雄赤曰翡雌靑曰翠俗曰藂豆雀就河崖穿窟爲巢深二三尺

鵲 大如鴉而長尾喙尖爪黑綠背白腹性最惡濕其鳴聲唶唶土人稱能報喜故俗名喜鵲其巢開戶背太歲如來歲多風雨巢必卑下

鳩 毛色不一通曰斑鳩拙不能作巢往往孵雛於鵲巢

燕 候鳥也春來秋去紫胸輕小者俗稱山燕常營巢於樑上黑而聲大者俗稱家燕常營巢於檐下

鶉 大如雞雛頭細而無尾身有斑點雄者足高雌者足卑性

善鬪俗稱曰鵪鶉

雀　俗曰家雀粱穀初熟菜蔬方生時被啄食頗爲農家害多營巢於檐頭喜食野蘇子

蘇雀　赤褐色喜食野蘇子

豆雀　色灰頂毛長眼後有黑斑文喜食冬青子

麻雀　類家雀而大身多白斑喜食樹子麻子

棒棰雀春季初鳴聲類布穀而淸細好聽俗呼人葠爲棒棰謂此鳥棲處有葠

烏鴉　俗名曰老鴰身黑難辨雌雄老時不能覓食小鴉每打食返哺又名孝烏

鵓鴿　分家鴿野鴿兩種性喜群飛逐月生卵孵雛鳴聲咕咕能

帶書信故行軍多用寄書商家用以傳遞市肆價格

鶉鴣　類鳩而嘴大細長上半鈎曲頸毛有灰點鳴聲（類豹鴣聲）高而促喜巢樹窟

雉　俗稱野雞雄大雌小雄背赤胸黑頸有白毛一輪尾翎長尺許有黑橫文全身華麗可愛雌灰麻色人得之每以雄雌爲餽送佳品

樹雞　大如鴿似雉而小飛則成羣好棲樹上故名脚有毛山林中多有之肉比雉肉尤美嫩本地飛禽中食品此爲第一

黄鳥　大如家雀身黄色山林中常見之

蠟嘴　身灰羽黑雄者頸黑雌則否嘴曲而厚作淡黄色故名蠟嘴鳴聲甚佳人多喜以籠畜之

啄木　俗呼啄木冠子嘴如錐長數寸形色大小綠黑不一惟舌根通腦後舌尖引之遇樹中蠹蟲雖潛穴隙亦能鈎取食之

蝙蝠　晝伏夜飛糞可作藥材（即夜明沙）

昆蟲類

爾雅釋物不遺昆蟲今之博物家尤以蟲豸爲研究動物之具蓋昆蟲爲宇宙間最多且微之物與人生有密切之關係其最有益於人者如蜂如蠶最有害於人者如蛇如蝎如蚊如蠅是撫地爲洪荒初闢之區荒蕪蓁莽尤爲昆蟲所蕃滋其形狀詭異繁多有爲內地所無者試分述之

蛇　有草木水土四種草蛇能於草上行俗名草嘯子木蛇恒上樹覓食與樹皮相似俗名貼樹皮水蛇居水澤俗名水長蟲土蛇土黃色亦居土穴又有一種大於諸蛇皮作黑黃文俗名烏稍

蜥蜴　俗名馬蛇子體長四五寸背淺灰色腹白四足短山野間

多有之聞人足聲突奔數尺外潛伏斷其尾久跳不死

蟋蟀 有在家在野之異在野者圓頭形似阜螽而小色黑有光澤翼短不能飛而善躍多居黍禾田内或石堆中其在家者形與在野者略同色微蒼而有白花文應秋而鳴暑居庭外石砌敗垣中或居古墻頹壁下天漸寒則移進堂屋居竈畔俗呼曰趨趨即促織二字之轉音雄者性妒相遇必爭鬭

蠶 本境因氣候較寒僅有家蠶一種飼以桑葉身長寸許環節蠕動胸腹及尾有足六對或純白或兼黑紋不等四眠作繭而山蠶因氣候寒冷無飼養者

蜂 種類至多其黄色細腰者謂之稗蜂其色黄而黑大如螻

蛄蠹木屑作窩居樹窽中曰木蜂俗名大麻蜂其色黑微黃以墻土作窩毒螫牛馬曰土蜂俗名地雷蜂其居草中比他蜂差小名草蜂慣螫牛馬皮內即生蛹明春由蛹仍出此蜂蓄藉牲血肉生子在房檐下蠹紙作窩似蓮蓬倒垂數十爲羣者名黃蜂尾端皆有刺螫人皆害蟲也惟釀蜜之蜂比青蠅微大可取而養之蜂有王爲衆蜂之長一日兩出而聚鳴號爲兩衙有採花者有取水者歸則少歇如採無所得則經宿不敢歸房皆秩然有序是爲有益之蟲

螳螂 色灰或綠不等頭三角形複眼高突後腹大前胸延長其前二肢形若鐮刀故俗曰刀螂

蟈蟈　身綠有翅腹下紫灰色後二股長善跳榛莽間有之其雌者不鳴有產卵管扁長如刀鳴者爲雄聲甚淸越兒童捕得畜之籠中飼以倭瓜花掛簷前鳴聲不輟

阜螽　形類蝗而色灰翅短股長善跳

草蟲　長二寸許黃褐色翅短不掩後腹鳴則扎扎有聲

蜇螽　野郊有之長寸許綠褐色翅堅硬飛輒有聲

螌螽　田間皆有之土黃色長寸許翅摺疊掩後腹腹尖瘦起落有聲拍手吧吧作響喚之輒來

土螽　身小色灰翅長路旁草間有之慣尋人馬蹤跡若求食焉俗呼土螞蚱

扁擔勾亦螽類惟身細長色綠翅薄頭尖而口吐黃漿兒童時捕

燒食之

蜻蜓　頭大而短露目長腰髀尾翼薄如紗食蚊蠓飲露水六足四翼好飛水際交於水上附物散卵生爲水蠆化爲蜻蜓復生水蠆循環不已次者曰蜻蛉小者曰螞蛉

蜘蛛　本境所常見者一曰癩蛛色灰暗前有長足四對後腹圓大如栗每就籬邊結網絲輭而韌時或羅食蟲蠅之屬一曰喜蛛體細小褐色前二足甚長屋中有之其網少横多縱每向人前拖絲而下俗謂主有喜事故名喜蛛一曰壁錢體扁平褐色結白網於壁圓如錢故名一種形小色黑屋中有之網細輭如綿絹蛛内藏不輕見又一種生田間紅足長於身數倍多見草木間又一種形極小黄褐色後

二足迴抱子囊囊白而圓豆田間多此類又一種大如粟粒而足長寸許行最緩屋內潮溼處有之又一種色紅身與足俱扁有孔即入俗謂其類多毒又一種淡紫色身小足短施單絲懸空不動墻孔多有之又一種身黄有斑點多生榛莽間

鼠負　一曰鼠婦又曰鼠蟠長三四分青灰色形扁橢圓背皆横文前有二觸鬚旁有多足恆居溼地甕底與石下

伊威　亦作蛜蝛似鼠婦而大彎長鬚四足兩股空屋中多有之

蟫　書中多有此蟲一名蠹魚

蚰蜒　體細長多足類南蜈蚣而小有黑黄綠紅四色陰溼之地有之每防其入耳多殺之味甚惡有毒

蠖蝬　俗名草鞋底一曰錢串子體長八九分色暗黃兼有黑斑點頭有雙鬚尾歧义脚細長共十五對行極疾多在陰溼之地

蚓　俗名曲蟺或稱蚯蚓白頭者可入藥

螻蛄　俗名地拉蛄一名天螻一名仙蛄穴土而居短翅四足腹大腰細長寸餘雄者善鳴能飛雌者羽小不善飛吸風食土喜就燈光若田中太多欲去之可夜間於田中爇火焚之

蜣蜋　俗名菌殼螂能以土包糞推轉成丸藏之穴中以備他日之食

蟻　俗稱螞蟻色分黑黃各有大小善爭鬭鬭時各有行列謂

之蟻陣白山附近多蟻塚似墳形俗名蟻樓

蠅

分靑黑數種有黑蠅綠豆蠅大麻蠅狗蠅等牝者腹大生

蛆蛆復化爲蠅喜聚汚穢處能傳染瘟疫及一切毒症淸

潔衛生者必設法驅逐之

螢

土人稱爲狗蟲或呼之棉花蟲今名螢火蟲夏令腐草生

螢至夜尾有光似燐火

蟁

即蚊也種類亦多一種長二分許形類蠅而背黑夜飛善

撲燈光天陰時較多一種色褐日夕結團旋轉薨薨有聲

小者名蠓蟲一種兩翼稍長棲時雙疊如一生榆榛葉內

一種身細色黃喜吸人血其幼蟲即汚水中孑孓也一種

小於常蚊腹與足皆有白輪文喙毒銳刺人突起如卵亦

能傳染疾病故人多驅之

虻 大於蠅色黑黄不等喙鋭能刺人俗呼曰瞎眼虻又一種長寸許色黑以產卵器刺牛膚生蛹春初生翼飛則爲虻今牛馬身上夏日每有出黑紫色血處曰蛹眼即此也俗呼此種曰草爬子

天牛 長寸許頭紅身黑如漆有觸角甚長多見於桃杏樹間有惡臭又一種體短色灰有芒刺俗曰老牛

斑蝥 頭紅身黑類天牛長祇六七分喜食豆葉近之有惡臭味

蜉蝣 長可六七分四翅尾有三毛如絲夏秋之交近水而飛朝生暮死

蝸牛 大如指頂殼有旋文行則負之觸角前矗若牛故名草叢

樹蔭處有之

蝤蠐　俗呼蝎蟲凡木朽生之形色因木色而異常見者多白色

蝶　形色不一花樹間及菜蔬間之蟲以蛹化蝶者爲多鳳蝶大如蝙蝠青黑色翅有金文後一部分突出飄然若帶色最斑斕喜獨飛不多見又有黃蝶翅稍團後拖若帶而短花間恒見之其餘小蝶五色悉備值花開羣集燦若雲錦而粉白色者尤多

蠐　生糞土中色白以背行駛

蜾蠃　亦名土蜂純雄無雌常以黃泥築窩於墻角檐下負桑蟲而爲子即螟蛉也

蛾　蠶蛾而外凡草木蟲以蛹化蛾者甚衆

害花蟲一種身長七八分形似蜜蜂無鬚無刺黃褐色吸食花液汁又一種黃甲兼有黑斑者喜嚼芍藥薔薇各花

害菜蟲一種爲螟蛉之屬長寸許色靑俗稱曰靑蟲食蕪菁萊菔各菜葉吐絲作繭化爲粉蝶一種形小色黃善跳嚼食嫩菜俗名曰地蛒蚤一種名地蛆長三分許色白多横文蝕菜芥之根

害果蟲一甲蟲類大如元豆之半朱黃色兼黑斑點小果爲所食別生疤痕細長有横紋一種形類紋腹小而喙長吸取果内甜汁其疤痕小而圓

害稼蟲一螟蟲長七八分背黃色有黑縱紋食穀稻葉天旱則生（二）捲蟲色靑而小食禾葉復吐絲裹之使穗不得展

(三)密蟲原名蚜蟲有綠赭黑諸色吸嫩芽新葉汁液由糞門排出引蟻聚食禾遂枯稿(四)油蟲似蝨較蚜蟲尤小夏旱時散布禾稼葉間如油膩使禾不茂經雨則去(五)蝎蟲背灰腹白多輪紋嚙節或根輒斷(六)穿蟲長寸許色紅嘴尖銳喜食苗根禾因以枯

毛蟲　一種大如柞蠶毛長而黑或紅榛莽間有之一種長寸許毛長近頭處兩叢如角桑榆間有之一種食樹葉作小白繭化飛蛾　一種長三四分背毛紅黄相兼頭部二叢尤高出如角就木枝爲小繭極爲堅固春初破殼出毛刺螫人俗名羊刺子又曰撥刺毛

屈步蟲長寸許色綠或灰不等行時腰穹隆上屈一步一步若以

尺量布園林中多有之

屁蟲　甲蟲之屬形橢色黄有黑斑點多見草間觸之尾部有聲發臭氣故名

蜚蠊　俗名蟑螂爲厨竈間之害蟲體扁平赤褐色喜就温處群聚夜間睡後時爲所擾嚙肌膚則破

草蝨　俗稱草耙子灰色頭類蝨而腹圓大生草間附於牲畜吸食血液雖飽不移然無後竅能吸不能洩故腹漸漲大若豐粟犬貓之耳亦有之惟甚小不易見

蚤　形小色黑善跳慣入衣被中吸人血液夏令生於溼地而新建之房屋尤多亦名蛒蚤

蝨　爲人體之寄生蟲而鷄豚之身亦有之惟鷄身所生者白

人常沐浴則不生矣

蠅虎　亦名蠅狐灰色善跳徘徊壁間善捕食蠅亦有益蟲之一種焉

鱗介類

漁獵時代鱗介爲食品之大宗既進爲耕稼時代言食之所欲者亦必魚與熊掌並重近者東西列强湖海澤國亦莫不講求漁業爲富國富民之基礎撫地雖不濱海然林深竂遠江河貫穿魚類紛繁則鱗介之屬以特產著稱者有細鱗重唇魚及蛤什螞之珍味故畧志之

鯉　口有雙鬚扁體大鱗有重數十斤者淞花江產極多

鯽　形似鯉色黑體促腹大脊隆而尖頭小口小河水池塘皆有之長者尺許離水一二日尚能生活

鱧　俗呼之曰黑魚又曰黑魚棒多居深澤大者三四十斤形長體圓黑色大鱗花紋似蟒有髻鬣尾頭上有七小孔如

北斗星象俗云黑魚有毒然人亦常食之不甚甘鮮

鰷 長二三寸鱗細形俠腹白背青性浮善跳河內皆有之出水即死味鮮肉少俗呼曰白漂子魚荀子所謂浮陽之魚也

重唇魚 如鯽而狹色淡黄圓身大鱗而多肉多唇肉尤美因唇厚重故名大者重十餘斤春初氷開可網可釣鮮美之極

鱨 黄頰黄顙言其色異於他魚無鱗身黏滑鱨脊有硬刺手不可捉故必用罾以捕之俗呼爲黄口即頭圓口小尾部稍寬腮骨横時軋軋作聲喜居深水各河內皆產之

細鱗魚 口似重唇魚肉最細而美多居深澤大者有一二十斤小者三四兩二三兩不等在前清時代列爲貢品

沙鮀 俗呼沙咕嚕子身圓口小有斑鱗分黑黄二色重不過半

斤年久者尾秃寒露入沙祇露雙眼及霜降則深入不見來年三月始出

草根魚嘴短身扁有鱗性善跳不易捕

馬口魚口大身小體扁有鱗上唇中缺口合時賴下腭餘骨補之時與草根魚爲群

船釘魚長二三寸大頸闊口身扁鱗細黄色有斑見人則插喙泥中孕卵時口生疙瘩過時則無水内皆有之

鱓似蛇無鱗惟尾稍扁有青黄二色大重斤餘身多液而滑不易捕水濁可釣冬季氷結羣入泥中以有刃鐵鈎搭之

黏魚狀如科蚪兩鰓能開閉無鱗身多液而滑不易捕口有兩鬚深水及混水中産之

鰌 俗名泥鰍魚似蛇而短鰭有硬刺冬水結冰匿泥中故名

鼈 俗呼團魚與龜同類水居陸生穹脊連脇四緣有肉龜甲裹肉鼈肉裹甲無耳以目爲聽可食者俗稱爲菜鼈亦可爲藥材食時先去頭水浸經宿消除腥血調和乃鮮最能補益

蚌 蚌與蛤同類而異形長者通曰蚌圓者通曰蛤今本境河泊中所產者即臊蛤子殼圓色黑有紋肉臊不好食故名老蚌生珠境內頭道松花江松香河諸流域產蚌最多故土人於秋後多捕之俗名打珍珠佳品光耀四射故曰珠寶有村濱江常得珍珠遂名爲珠寶村

蟹 因其横行俗稱螃蟹雄臍尖雌臍團八爪雙螯殼圓芒短

春初冰解溯流而上脱殼洞居至秋而肥捕法以火照之則自出或以繩拴黍穗引之或用網取本境諸河皆有之

蝦　河蝦與海蝦同類而小味亦稍遜溪澗池沼者多草蝦身黑而屈亦可食俗稱此種曰狗蝦以之治痘疹合韭根搗爛服之發表有效

蝦蛄　俗稱喇咕形似蝦而前無長刺蟹身魚尾殼堅厚穿洞深藏山澗石下多有之捕多搗爛入袋如漉豆漿取汁熬熟類豆腐而味最鮮俗名拉咕豆腐

蛤什螞爲水陸兩棲之物味香美可食體短上尖下廣後二足倍長於前足背純黑腹白爲雄紅者雌秋末入河及來年冰解就淺水泊產卵生子漁人每於秋冬捕得之出售外商

獲利頗厚爲本地漁產之大宗前淸時代列爲貢品

青蛙 如蛤什螞身綠或黃背有縱線二條如金伏於青草池塘鳴則聒聒不可食

田鷄 俗稱地雞較蛙肥大黑質而白紋寒時藏於窪田春耕輒見之亦可食

樹蛙 身小而綠腹黃或白慣棲樹間雨後輒鳴不可食

癩蝦蟇 軀體肥大行動舒遲背褐色有痱㿔夏令各處皆有吸食蚊蠅之屬其眉間所出白汁入藥曰蟾酥又一種類癩蝦蟇而小兩頰有氣胞漲縮成聲物小而聲宏大水泊多有之

水蠆 長寸許多輪紋六足雙尾水邊石下有之

水牛藄類海螺而小殼亦最薄河中石下有之不可食

水蛭　俗稱螞挑池塘間多有之長至二寸許黑色無足行水中如蛇口最鋭慣附人畜肌膚吮血昔楚王吞蛭愈血疾或即此物

水蟑娘水中甲蟲也背赤褐色形如米粟腹與足皆黑多見水泊中

水黽　黑褐色六足浮於水面而體不濡俗名水螞蜡

植物類

植物者凡直立地上具營養機關能自生活不能移動者概謂之植物凡草類木類穀類蔬類花類菌類藥類無不屬之不唯其種子其根葉其材料爲人所必需即其吸炭氣而吐氰氣亦爲衛生所切要撫松草萊甫闢一切農產物尚能畢具唯其天然森林干霄大木爲世人所難得者無不舉目見之此外如藥類之老山參園參尤爲中外所珍重應分志之

木屬

松　種類不一爲本境出產土人以結子可食者爲果松亦稱紅松松無子者爲杉松秋後落葉者爲黃花松又名落葉松脂多者爲油松葉細如針者爲毛松葉鋭如刺者爲刺

松皮似魚鱗者爲魚鱗松白山附近莖似葡萄莖不高故名葡萄松

柏 本境亦頗有之若赤柏香柏香柏俗名檲松味最香視爲最貴重品每以製箱櫃置衣不蠹製壽材經久不朽爲最上之木材也

槐 山中皆有之花入藥未開者名槐子可染色花黄葉橢圓莢長寸許

椵 葉大皮黑紋細微赤者曰紫椵相傳老山稪多生椵樹下皮可爲繩引火又可爲蓑衣

按説文椵木可作牀几讀若賈其字從叚與從叚者别朱氏駿 曰椵葉似桐甚大陰廣其下常產人葠高麗人作

人蓑贊曰三椏五葉背陽向陰欲來求我椵樹相尋
又爾雅櫠椵注柚屬也子大如盂皮厚二三寸中似枳實
食之少味未審是此樹否

楸 類核桃葉羽壯大木細緻可製箱櫃之屬

刺楸 葉爲瓜形皮有刺木堅緻有花紋可製箱櫃之屬

茶葉 實如蝴蝶可爲黑色染料俗名山茶葉又名茶枝子

櫸梠 生山上者爲山櫸梠質堅可爲槍桿又有水櫸梠生近水
處皮厚無黑斑紋大者可爲棟梁

柳 與楊同類縱橫顛倒植之皆生而種類不一鄉村多植者
爲杞樹此柳長條下垂木性極柔用火逼以揉之可爲箱
籠簸圈之屬葉似桃而狹長花爲小穗春老絮飛似蘆葦

花鋪地如棉黄絲嫋嫋點綴村景亦屬不可少之木也縣城以柳作柵可謂柳城撫城十景第一曰柳城春曉

楊 木名柳屬而葉大如柳有二種白楊葉芽時有白毛裹之似梨葉而稍厚大淡青色背有茸毛蒂長兩兩相對過風蕺蕺有聲高者十餘丈大者莖三四尺青楊比白楊較小木亦聳直高數丈大者徑二三尺葉似杏而稍大色青綠

榆 有十餘種葉皆相似惟皮及木理各異刺榆白榆結子亦異白榆結子片片如錢刺榆結子纍纍如粟嫩皆可食本境榆類甚多美材以刺榆花榆爲尤佳刺榆可爲車軸花榆理細可爲几案

桑 有家桑野桑之别家桑葉大莖半尺許微圓而末尖不結

實分根壓條皆可栽植野桑葉小而薄結實纍纍生青熟紅熟極則黑數十粒黏爲一味極美種之亦生但罕長大木材未經尺則木皮即裂木質色黃根皮外黃內白堅韌似麻可造紙入藥曰桑白皮本境氣候寒冷家桑有栽植者經冬多凍死

杻 似棣細葉葉新生時可飼牛皮理糾結質最堅俗呼杻筋子木大者爲車軸次於刺榆

柞 與栩相似但栩葉長而尖柞葉闊而圓柞樨枝有四稜木漸大則皮皺厚稜可爲木材

櫟 亦柞類土人多以燒炭火力頗猛

棫 小木叢生有刺實如耳璫色深黃中心黑赤幹直不曲有

細孔可刻爲杖子大如小錢圓扁均文理極細俗呼曰扁

蛋核綫穿成串以供手玩

掛塔松寄松垂生長數丈迎風飄蕩遥望若彩

青剛柳亦柞類可爲弓葉較檞爲薄早春發芽南城用以養山蠶

爲秋季山蠶種本境森林多有之

燰木 類似黄樺欏木皮燰可包弓把細者可爲鞭桿及文明杖

之用

荆條 皮有紅白二種紅者可爲筐簍皮黑而粗白者名鐵荆條

可爲杖

白莢 刺長皮潤角如豬牙長而厚肥者多脂長而瘦薄枯燥子

黑

山藤　亦木類枝柔軟可爲鞭桿今有用之爲文明杖者

老鸛眼　一名鼠李木堅緻有花紋可染色黑如老鸛眼故名鉋光之節花現出圓潤如眼製爲文明杖亦甚雅觀

東瓜木　似櫃柳皮色青此木生於窪地葉橢圓而有鋸齒木紅而泡入水久不爛土人多用墊井底

黃楊　木堅不易長山間皆有之製爲文明杖頗宜

冬青　寄生樹上葉厚微圓無筋子紅或黃經冬不凋

臭梧桐　葉大色青八月莢熟似豇豆垂垂如穗木材最有用

楓　似楊葉尖缺刻分三瓣經霜則紅如二月花森林多有之

苦丁香　葉厚圓有光花細成穗下垂分紫白二色生山者曰野丁香山中多有之

樺

葉橢圓多紋木質細硬外皮千層極厚而色白層層可剝以之裹溼物可不走水分木材富油脂溼即能燃白山巔無樹見樹處即是樺樹樺樹以上不生樹因樺樹耐寒生於最高處也

蔬類

葱　春發曰芽葱秋種曰白露葱味辛頗肥大爲蔬菜中調味之品

山葱　生於山間者故名與園葱同

韭　早春最美葉似薤而肥大高尺許六月由莖開小白花尖瓣六出攢簇成叢結子色黑如葱子今以爲常蔬

山韭　與園韭畧同作淡紫色獨莖一葉

蒜　有紫皮白皮二種紫皮者形巨而瓣少白皮者瓣細小而多均可供調味之用

菘　俗稱白菜有二種肥厚嫩黃者爲黃芽白窄勁者爲箭桿白今有疙瘩白及山東白種皆菘也

芥　種類甚多似菘而有毛極辛苦謂之大芥其小者謂之辛芥或謂之香芥

芹　有園芹野芹之分園芹係單莖半圓粗如箸色青綠野芹莖粗倍之味殊香美

藕　即荷芙蕖之根境內水池有原生者亦有種植者

菠薐菜俗呼菠菜秋初秋末種之

萵苣　俗名生菜由根生者葉尖闊由莖生者爲心臟形可生食清脆適口

蕓薹　俗呼臭菜或稱油菜子可榨油種以秋末春初爲宜

蒝荽　俗呼香菜

茴香　一名䕲香有大小二種高可四五尺葉裂如紛夏開小黄

花子黑色入藥

秦椒　俗呼辣丸結椒如棗上銳生青熟紅味辛土人多食之狀如柿子者俗呼柿子椒

蔞蒿　葉似艾正月根芽生莖灰白色可生食今呼蘙蒿菜

蕨　山菜也初生狀如雀足之拳又如人足之蹶故名山中到處有之二三月生莖嫩時無葉取之以湯煮去涎滑晒乾作蔬頗適口根紫色皮內有白粉搗爛洗澄取之名生蕨粉

苦蕒　俗稱曲馬菜一種味苦者俗呼爲鴨食菜即菾也莖葉斷之有白汁味苦

葵菜　又名向日葵因其葵心隨日光所轉故名黃花大如盤俗

稱轉日蓮人罕有食之者

芋頭　園蔬一種來自南城勝於地瓜地豆哺乳嬰孩最良

地膚　俗稱掃帚菜嫩可茹老時可爲掃帚子入藥名爲地膚子

薺　苗葉略似鳳尾草初生貼地如盤三四月間黄花抽莖作臺一種毛薺白花結莢如小萍而有三角密綴莖上子細如沙折其莖作燈杖可避飛蟲之投

蓫　俗稱羊蹄葉春生苗葉狹長一二尺似牛舌莖高三四尺餘色青節間微赤夏初起臺開青白花成穗結子三稜外皮大如蕎麥而實小夏至即枯子名金蕎麥根似大黄

胡蘿蔔此菜分黄赤二種苗如邪蒿不可食冬月掘根生熟皆可啖

擘藍　南方謂之芥藍葉可煮食北人謂之擘藍根醃食甚脆

蘿蔔　圓而皮紅者爲大蘿蔔長而色靑者爲靑蘿蔔有根葉皆小四五月間擷之作沮者爲水蘿匐

山藥　本名薯蕷亦可入藥實生於蔓根長至尺餘形不似鈴薯

越瓜　種來自越一名稍瓜短者爲菜瓜脆者爲脆瓜按菜瓜類似甜瓜惟其形較長味略酸

黃瓜　即王瓜月令孟夏之月王瓜生爲土人常菜結瓜時色綠形細長身有刺

苦瓜　一名錦荔菱俗名癩葡萄又名癩瓜味苦而皮癩美麗可愛

南瓜　二月下種四月生苗蔓延可十數丈葉狀如蜀葵大如荷

葉六七月開黃花結瓜正圓如西瓜皮上有稜如甜瓜一本可結十數個其色或黃或綠或紅經霜後收置暖屋可留至春肉厚色黃食之尤佳

倭瓜　瓜色黃形圓俗呼柿子瓜按種子不同故有圓長之别然味無甚異

攪爪　形橢圓類倭瓜而小老則皮硬肉生筋絲醬醃蜜餞皆可食食時以筯攪之其形縷如切者

西瓜　形如扁蒲而圓色青翠味甘脆中有汁今本境產者以瓤紅黃白爲多

土瓜　即地瓜味甘煮燒食尤佳

地豆　即土芋學名馬鈴薯近東西洋用以爲佐餐常品本境土

脈最適宜山林新墾之地大者每枚重三四斤爲他處所未有若運輸便利可運售外國亦特別之出產也

打瓜　形似西瓜而小味甜而酸瓤白黃子大熟後剖取瓜子炒食最佳

冬瓜　一名白瓜形類枕皮白如粉塗其子亦白味最美

葫蘆　狀大小不一夏末始實秋中方熟霜後方成可剖之爲瓢

紅花菜即山丹花又名野百合高二尺許紅花五瓣山間到處有之雜生野草中望之如錦

祥穀菜根如山蒜而小生於田野間俗名小根菜春日早生可炒食之按即薤也

酸漿菜葉橢圓根紅嫩者酸而可食根深而滋蔓剷去復生最足

害禾苗

河白菜　葉如白菜而厚生近水田間炒之可生食

茼蒿　花葉微似白蒿其味辛甘春種四月起薹高至二尺開深黄色花如單瓣菊花醃食炒食均宜

藜　南人名臙脂菜亦曰鶴頂草皆因形色而名嫩時可食老則莖可爲杖

茄　有白色青色紫色各種形以長形者毬形者爲多

蘑　名類甚多本境森林草地中遇陰溼之天到處皆有之若油蘑形似草蘑柳樹蘑灰白色惟新性採食味美若青蘑色白味美亦新性爲佳草蘑形同榛蘑生於陰腐落葉間松傘蘑生松樹下色赤味美榛蘑生榛科下高脚灰白裏

黄蘑生樹窟中色黄味美食品所珍榆蘑根腐所化其餘若黄者靑者凍靑羊肚雞豚銀盤等名屈指難數本境產者極多爲輸出品之大宗

杏葉菜葉如杏土人呼爲杏葉菜本境山中多產之

明葉菜俗名和尚頭

龍芽菜有二種樹龍菜俗稱刺龍芽葉似椿而大初長刺條來年於頂上吐芽採食之甚佳地龍芽俗稱苦龍芽生於地上味苦亦可食之本境各山多有之

廣東蕨有紅靑二種苗叢生紅紫色味勝於靑蕨

貓爪菜生不擇地葉形如貓爪初春發芽採食頗美

疙瘩菜種自俄來惟在本境所生者不如俄菜大是以天然地利

關係也

絲瓜　長者數尺其狀蜿蜒如蛇瓜時以石墜之則直老則筋如亂麻

糖蘿蔔色白最大榨其汁可以製糖

穀屬

黍　俗稱糜子去殼爲大黃米晚種早熟邊地最宜葉平行高三四尺穗狀下垂成熟先將穗割下防雀類之食也末最黏作飯最佳

稷　有二種黏者謂秫不黏者謂稷總之皆黃米屬可釀黃酒

蜀黍　俗呼高粮爲飯爲粉食品頗佳亦可燒酒糟粕可飼牲畜稭可以織簾造紙

黏蜀黍殼分黃黑兩種與蜀黍無異但性最黏又一種若掃黍性黏穗長可製爲帚

稻　有白紅二種黏者爲糯不黏爲粳多種於水田去殼爲米作飯味最香美

黏稻　即糯米味甘香可釀酒亦可爲糕粽等食品

粟　穀之最細而圓者爲粟穀曰飯穀米曰小米色黄粒小

小麥　苗生如韭長成似稻高二三尺實居殼中芒生殼上生青熟黄春種夏收

大麥　大麥與小麥芒葉相同惟芒較長於小麥而小麥食法極多大麥只可碾米作粥飯及飼馬作麵蘖之用此其異點也

蕎麥　伏種秋收高一二尺花白色實成三角形種子皮色黑内粉細白味佳美境内晚田多有種者可以製麵

稗　宜下濕地米最甘滑不舂時可飼家畜稭可餧畜或苫房俗稱稗草

秔稗　多生秔地甘滑如秔為秔與稗之花粉混合而生土人謂秔所化殊非俗名粳稗草

玉蜀黍　葉莖似蜀黍而大穗生莖半子藏包中俗呼包米本境土人用爲常飯漚爲米粉食品頗佳

西番穀　苗高如蜀黍葉如穀穗如蒲棒亦可食種者少俗名西黏穀又名西方穀

高麗穀　穗大紅色類雞冠花本境韓僑多種之

薏苡　俗名草粟子入藥曰薏苡仁種宜窪地

脂麻　即麻油俗呼芝麻油曰香油爲油類中最上品味最香故名

蓖麻　俗名大麻子可榨油今西藥房所賣蓖麻油即此

蘇　有紫白二種子能榨油産宜高地今市售蘇油即是也

大麻　皮可漚爲麻曰線麻可綯繩爲日用必須之品近外人竟有漂鍊以之織綢段者

大豆　今有黑白黄青諸色色黑者曰黑豆又名烏豆又有大烏小烏之别味苦不可食色白者俗稱白眉豆色黄者俗稱黄豆色青俗稱青皮豆總之均稱大豆本境出産最多以之榨油作餅爲出産之鉅額

小豆　有黧白赤黄數種可以作飯製粉

緑豆　俗稱录豆性甘寒清熱解毒較大豆粒小而圓與諸色大豆形性俱不同可製糕餌漚粉可製條粉粉皮生芽可爲

蔬

豌豆　嫩時靑色老則斑麻性不畏寒不擇土地種者甚多

豇豆　有二種長而肥者充蔬皮薄者秋成食子食打豇豆

𦾴豆　莢形扁故名可爲蔬

菜豆　如扁豆而狹長可爲蔬

刀豆　豆莢生横斜如人挾劍故今稱之曰刀豆

雲豆　種自雲南來故名雲豆味頗佳子有白黑灰紫等色莢有長短

花屬

山牡丹木本花色不一重瓣有徑七八寸者於初夏時盛開山林中往往見之甚美觀

十姊妹莖似玫瑰而小一枝數朶相簇不甚可觀

玫瑰花小葉橢圓葉有刺花重瓣紅者可入食品黃者花微小俗呼刺玫野開者花皆單瓣色紅子赤名山刺玫

鳳仙花莖有紅白色葉長而尖似柳桃開花時頭翅羽足俱翹然如鳳狀俗呼指甲草性能透骨子入藥

生菜蓮花有紅白二色單瓣朶大內生核有子入藥名罌粟

虞美人似生菜蓮而小

翠娥眉隨時側映鮮妍有致

蜀葵花花色不一俗呼黍菊花紫者可染色紅白者可治帶疾

向日蓮即葵花

荷花　即蓮花有紅白二色大而可觀

雞冠花六七月開花形如鷄冠有黃紅白數種花最耐久霜後始焦子在穗中黑細光滑

高麗菊似草芙蓉而小花黃赤色

指甲花即金針菜花喜生陰地花六出四垂嫩時採之可食

六月菊金錢花旋覆花皆此也

山臙脂花一名臙粉豆花紅黃紫白諸色類牽牛花喇叭狀又名粉團花

紅藍花俗名紅花亦入藥園圃中多有種者

金盞子花花黃如盞秋深猶茂

玉簪花此花處處有栽種者最畏日光宜植陰溼之地二月生苗成叢高尺許柔嫩如白菘葉大如掌葉紋如車前草嫩鮮無比花開二三寸長

捲丹花六出四垂大如山丹先結子枝葉間入秋開花於頂根如百合俗名捲蓮花

石竹花枝如竹而小葉細長花單瓣色雜俱備

秋葵花色正黃開亦向日與向日蓮各爲一種

荷包花亦海棠類花紅形似荷包鬚與花下垂故名亦名荷包牡丹

百日紅木本花如丁香

千日紅草本葉狹長有粉色開於枝稍至冬葉雖萎而花不落俗名乾疤花

江西臘花花似菊色亦不一枝頗搖曳又名夏菊

綉毬花叢生如毬

菊花　本境天氣稍寒諸花皆晚開惟菊開應節於秋季之月盛開美麗可愛

凍靑花葉如柳而圓新葉生舊葉始脫花紫色春夏方開

月月紅即月季花

佛頂珠亦鳳仙花之類特獨莖花開莖頂上太如鳳仙花數倍

韃子香常綠灌木高一二尺鐵葉春間就雪中開淡紅花色燦爛可觀白山巔極多

草屬

青麻　原濕之田種皆相宜葉大皮青高幾及丈夏末時熟花黃色半花半果時刈穫之漚水中數日剝皮爲麻用途甚多

菸草　本境所産之黃菸葉肥大味最香美

藍靛　莖高二尺許葉如蓼開小紅花成穗葉漚爲靛可染衣裳亦入藥

茜草　蔓生莖中空葉橢圓夏日開小白花根可染絳以山中産者佳

芸香草　葉類豌豆而細叢生高一二尺乾時益香夏開黃綠色花葉又避蠹

銼草　即木賊多生山野中乾時可治木器又可入藥

葦　水塘多生之不及潮水所及之地堅大適用

羊草　生山野間長尺許莖末圓勁如松針黝色油潤七八月刈積之經冬不變可用飼養牛羊亦可製爲帚刷

莎草　此莖宜編蓑衣

馬蘭　似莞而細可爲薦秋刈之冬可飼牛𤍠人且用以束物狀似蒲而細小花色藍無香味可染色根可爲刷白山下平原無樹者俱生馬蘭

老少年土人謂之老來變亦曰老來少春夏葉色青黄至秋則漸紅如花又一種六月葉紅者名十樣錦

香蒲　俗呼蒲棒又一種臭蒲名菖蒲

菰　俗名茭草春生筍亦可食

水葱　生水中如葱而長又名翠管可爲席

蓬　土人統稱爲蓬子

苋蘭　蔓生草綠而厚斷之有白汁子長數寸俗名蒯拉瓢又稱雀瓢籬及樹上多生之秋老自裂子如毛白絮隨風飄散來年自生

貓兒眼草及狼毒苗生時摘葉有白汁葉紋如貓眼山地多有之有毒

佛手松一名拳栢又名萬年松生於石上拳彎如雞足可爲蔟之佐料

水稗草湖泊四邊多有之可牧畜

莠草　俗曰狗尾草有害田苗

章茅　如荻蘆而細可苫房每節有二穗高四五尺一名⿰石鼓⿰石魯草

黃蓓草　一名黃稗草又名羊草層層有節可代草茅本境各山有之

荻　又謂之荻蒿或曰牛尾蒿白葉粗科叢生多者數十莖可作燭跋出葉如薹本而細開繁碎小花纍纍如粟秋老結子細如沙落地自生荒塚廢廟中多生之

金絲草生於垣牆頂上者多可醫嗽咳

靰鞡草各山皆有之農人冬時墊靰鞡中用以暖足又可製紙長白山脈之特產關東三寶之一也

茨　一名蒺藜又名爬山虎附物甚堅莖三角形有刺布地蔓生赤足者不敢行

果屬

櫻桃　樹不甚高春初開紅白花葉團有尖及細齒爲叢生之植物結實時須衛護否則鳥食無遺五月間盛熟味多酸

杏　本境處處有之種類亦多黃而圓者名金杏熟最早其扁而青黃者名木杏山杏多不勝數深赭色核大而扁乃接成者其味最美曰金杏又有白杏熟時色青白或微黃味甘淡而不酢

桃　性早花易植而子繁核仁入藥核種易出

松子　今本境最多俗名松塔塔中子可食如榛而長每塔約數百粒

榛　生山谷中樹高數尺子如小栗二月生葉葉多皺紋有細

齒及尖其實作苞三五相粘一苞生靑熟褐其殼厚而堅其仁白如杏仁而圓大

梨 種類甚多有接梨香水梨平頂香或鮮或凍或蜜瀰又有酸梨皮黑而酢梨乾亦爲珍品

棠梨 山林有之樹似棠而小葉邊皆有鋸齒二月開白花結實如小楝子大霜後可食其樹接梨及頻果最佳

葡萄 有園產山產二種山園葉實均相似惟園產者大而味佳本境山產極多園產因氣候關係栽植者無之白山最高處生有葡萄高不盈尺其實甘美無比俗稱高力葡萄

李子 樹高五六尺綠葉白花樹能耐久其子大者如卵小者如彈如櫻其味有甘酸苦澀其色有靑綠紫朱黃赤縹綺臙

脂青皮紫灰之殊本境李子其味最甘

稠李子一名櫻額梨果形如野葡萄而稍小味甘澀

山梴子葉似稠李實小而圓柄極長熟時蜜潰甚佳

菱 有紫有黑形有兩角三角四角各狀

蓮實 莖出水數尺莖端巨顆形如椀名曰蓮房實生其中如嵌每房十餘粒或廿餘粒不等粒橢圓有尖嫩時青色可食兼以充蔬

花紅 葉橢圓有鉅齒暮春開花色白有紅夏末果熟形圓而紅味酸

山核桃生楸樹上形似胡桃而長殼堅厚仁肉味頗香美

馬鈴薯根結實大小纍纍可爲蔬飯又可製粉條俗名地豆子

歐李　叢生高二尺餘葉似李實如櫻桃味極酸澀

托盤　葉橢圓有刺實如桑葚本境山野中極多

燈籠果俗稱紅姑娘外垂絳囊中含赤子如紅櫻經霜後囊子均紅味甘酸可食

猿棗子木境山野中產者極多莖藤性俗名猿棗藤子實狀如雞心俗稱爲黑瞎子食品

無花果落葉灌木葉橢圓質厚花細隱於花托中寔爲肉果色紫無核

高力葡萄蔓狀灌木葉爲掌狀食頗甘芳白山巔極多俗名護地皮萬紫千紅頗燦爛可觀

藥屬

人參　有園野之分栽植者謂之園蓡山野產者謂之大山蓡本境產額極多

茯苓　生松下抱木者爲茯神大山多老松茯苓茯神及松香時有之

因陳　本草綱目曰此雖蒿類經冬不死更因舊苗而生故名因陳二月生苗莖如艾九月開黄花細瓣結果大如艾子俗名萬年蒿語云二月因陳三月蒿此也

五靈脂即寒號蟲糞寒號蟲即蝙蝠也

牛蒡子葉大如芋而長實似葡萄而褐色外似栗球而小多刺根有極大者作菜茹益人一名惡實葉大者亦可爲火絨俗

名老母猪啍産於山野

葈耳　俗呼蒼耳子有刺多掛人衣

漏蘆　此草秋後即黑異於衆草故有此名生山野者花紫色微有白毛蕊黄色三月花開根入藥可下乳俗名毛骨突花是也

白丁香即家雀糞入藥

郁李子俗名歐李子亦名郁李仁

五味子蔓生葉厚而光夏末開白花實紅色因蔓藤中具五味故名本境産者極多皆入藥

白附子苗與附子相似根如草烏頭之小者長寸許乾者皺紋有節一名節附俗呼兩頭尖本境出産亦多

細辛　葉濶而尖有長柄生於莖花黑紫而三瓣根多鬚入藥一名少辛

黃精　初生苗土人採食之名筆管菜高半尺許葉長而寬夏初開白花下垂如鈴結實如黑豆曰黃精本境各山均有之

玉竹　莖有稜葉橢圓形有平行脈花色微白兼綠形如小鈴根入藥似黃精苗即小筆管菜又名葳蕤

芍藥　撫松所產有園植者亦有在山野者芍藥爲草中之花有宿根春暖茁地生紅芽尖銳如筍莖高二三尺傍生岐枝一枝五葉略似牡丹而狹長花開四月中色分紅黃紫白或粉紅皆可供玩賞赤芍即芍藥根惟山野者花多單瓣

艾　宿根易生莖高數尺葉似菊而靑背白有茸而柔厚刈曝

乾之點火不熄醫家取之灸百瘡故名灸草又名醫草

百合　根如蒜頭有瓣又一種名捲丹子生葉間又山丹似百合而小根皆可食蓋一類三種惟百合入藥

車前　好生道旁布葉如輪俗呼車輪菜抽穗結子即車前子

桔梗　有甘苦二種即杏葉菜

五加皮五葉交加故名宜漬酒

貝母　花白葉似韭其子在根下如芋子色白本境之出産最佳

龍膽草葉對生有三縱筋夏開白花根味苦

遠志　苗名小草即詩之葽也

貫衆　葉圓碎一枝而衆葉貫之又名鳳尾草入藥用根

石葦　其葉生苔上背陰處亦可採以代茗

衛牙　幹皮薄旁展者剪羽

柴胡　葉狹長互生夏日開小黃花根入藥質硬者竹葉柴胡質柔者韭菜柴胡

防風　葉似青蒿而短小莖四稜高一二尺五月開細白花實似蒝荽子而大根土黃色可治風病故名

薄荷　莖葉似荏而尖長二月宿根生苗清明前後分之方莖赤色其葉對生初蒔形長而頭圓及長則尖園圃皆有之

女貞子即桑寄生桑樹上之凍青也

獨活　莖葉皆有毛小花五瓣一莖直上實紫色根入藥按此草服之有風可止無風轉能引風

苦參　葉互生夏月開黃花成穗結長莢子如小豆根入藥

升麻　莖高二三尺夏開白花根紫黑而多鬚去鬚用之

荆芥　莖柔輭爲箭鏃形秋開緑色小花

扁蓄　莖弱有節葉細如竹三月開紅花

牽牛　即黑白二丑俗名喇叭花入藥黑者力速

紫草　葉略似雞冠莖葉俱有白毛夏日開小白花於頂根又爲紫色染料亦名茈草

王不留行　葉似酸漿子似菘子三月收苗五月收子葉對生無柄花如鈴鐸實如燈籠子黑色入藥

白頭翁花紫色而有白毛蔽之近根有白毛下垂

茺蔚　今名益母草葉略似艾而細碎初夏開淡紫花産婦服之有益故名

夏枯草亦茺蔚之屬方莖白花夏至即枯故名

藁本　五月開白花八月結子根紫色味最香

蛇床　田野墟落甚多花葉正似蘼蕪葉靑碎叢生似蒿苗高二三尺枝上有花

蒼朮　即鎗頭菜根形如薑蒼黑色而肉白

大薊小薊　二者葉刺相似田野甚多二月生苗二三寸時併根作菜茹食甚美四月高尺餘花靑紫葉多刺俗呼千針草又曰牛戳口有大小二種四月採苗九月採根並陰乾用小薊土人得下淋病者煎湯當茶飲之二三星期即愈婦人白濁崩漏如上法服之即愈皆百試百驗大薊苗根肥大性不與小薊同

急性子鳳仙花子也成則自裂故名

麝香　麝臍中香也生得最難

牛黄　多於牛胆中得之成鷄卵及各形狀黄入水則破

猬皮　刺猬皮也

蜂蜜　蜜蜂所釀者可用

白蠟　蠟樹所生者蠟樹即舉梠也

原蠶沙晚蠶矢也淘淨晒乾用之

桑螵蛸桑樹之螳螂卵也

滑石　色白微緑有珠光質極軟

殭蠶　以頭蠶色白未吐絲者糯泔浸一日漉起焙乾用之

蒲公英生平坦田原中莖葉似苦苣斷之有白汁味苦到處有之

即地丁也四時常有花花罷飛絮絮中有子落處即生中心抽一莖端出一花色黃如金錢俗名婆婆丁

虎骨　其功用極大可治腰腿疼痛麻木不仁等症貴重藥材也

熊胆　明目者也能治眼科諸疾

鹿茸　補品也爲藥材中最貴重之物

山羊血貴重藥材也爲婦科聖藥治跌打損傷最效

鹿胎　補品也能治婦科諸虛百損聖藥也

菌屬

木耳　俗名黑菜生於已腐之柞櫟椙桅木之上有春耳伏耳秋耳之分色黑狀如地加皮價值次於榆蘑

元蘑　俗名黃蘑亦名凍蘑每年於白露後則寄生於已腐之椵木上色黃味美

榆蘑　生於榆樹當春夏之間由樹皮裂處流出一種黏液色紅凝結長成即爲榆蘑菌屬中最貴品入藥可治痢疾

榆黃蘑生於已腐之榆木上色黃當夏日雨水連綿之時出產最多

榛蘑　生於七八月之榛樹叢中色灰黑味次於元蘑價值低廉

青蘑　春秋皆有之多生於楸樹根或裂皮處灰白色味最鮮

松杉蘑生於七八月之松杉叢中色紅味美爲菌屬中之上品也

陰天樂長白山多有之形似海綿網狀晴天則縮陰雨天則勃然

煥興故名陰天樂雖不可食亦別具特性

掛塔松寄於松樹垂生長數丈迎風飄揚狀如帶又似結彩俗呼

爲掛塔松

鑛產

當今富强之國莫不注重鑛產撫地深山大林中鑛產當必豐富惜少人跡發現殊少其蘊藏之程度固不可知茲將已發現出品頗佳者志之

松樹鎮煤礦 民國十二年董華亭呈請開採計距城九十里許

鵰窩砬子白金礦 在城東南三十里許鵰窩砬子江底金苗發現其色白前經孫繩武曾往開採祇因水深無法可採停止

湯河金鑛 在城西南百里許湯河裡產金其色黑數十年前曾開採現早停止

萬兩河金鑛　城北二十里許萬兩河頭道西北岔產金其色黃金苗甚旺故有萬兩河之名惜未開採

馬鹿溝煤礦　距城六七里係無烟煤質頗硬不易然此係新採之上層者若下層質或當有良者

氣候

按撫邑地處極東山多地少民戶星散樹木叢雜清明始解凍立夏方播種稼禾未熟常遭霜雪之苦氣候嚴寒於此可見矣茲將寒暑度數列左

立春	寒暑表	晝九度	夜六度
雨水	寒暑表	晝一〇度	夜七度
驚蟄	寒暑表	晝一二度	夜九度
春分	寒暑表	晝一八度	夜一六度
清明	寒暑表	晝三一度	夜二六度
穀雨	寒暑表	晝四〇度	夜三〇度
立夏	寒暑表	晝五一度	夜四九度

小滿	寒暑表	晝五四度	夜五〇度
芒種	寒暑表	晝五五度	夜四八度
夏至	寒暑表	晝五八度	夜五四度
小暑	寒暑表	晝六六度	夜六三度
大暑	寒暑表	晝八八度	夜七〇度
立秋	寒暑表	晝九〇度	夜七一度
處暑	寒暑表	晝七〇度	夜六〇度
白露	寒暑表	晝六二度	夜五八度
秋分	寒暑表	晝五〇度	夜四二度
寒露	寒暑表	晝四八度	夜四一度
霜降	寒暑表	晝四〇度	夜三八度

立冬　寒暑表　晝三五度　夜三〇度

小雪　寒暑表　晝三〇度　夜二六度

大雪　寒暑表　晝二〇度　夜一〇度

冬至　寒暑表　晝〇度　夜〇下十度

小寒　寒暑表　晝〇度　夜〇下二十度

大寒　寒暑表　晝〇度　夜〇下十度

古蹟名勝

撫松草莽初闢地又附近白山林木蓊鬱山谷幽深猛獸充斥聞百年前始有放山（採人參者曰放山）打圍者必三五結隊始敢行獵其中野餐露宿過而不留自國家設治僅及二十年古代之建築概付缺如名人之踪迹更無可得唯文華洞石壁有花鳥草木之紋及古泥盆與夫城南之蓮花泊或爲古人之所留餘絕無可尋者若云名勝既有長白山坐鎮其東南上有天池且通潮汐即此一山直可超越東瀛富士日光諸名山之上若內地之嵩華岱衡更非其比矣此外如猴石之偉大逼眞抽水洞之急湍下漩更具特別之異景若烟筒砬子張鳳草頂子土頂子東西馬鞍石三聖嶺諸峯均極峻聳之妙他日山林盡闢遍爲探索則天留勝跡必更有可觀

者至人留之名勝政蹟如張公新標之撫松十景皆即地生景取名新穎又各有題咏照片頗耐玩味後之人若能保存點綴之千百年後安知不足與西湖白蘇二隄孤山雷峯諸名勝前後媲美哉故爰志古蹟名勝如左聊見一班耳

長白山

長白山峰巒之特起天池之幽深已見前山脈志及張公白山天池記矣似無庸復贅然綜覽全山奇峰大者有六小者有十此十六峰頭别饒興趣各具奇觀又安能略而不誌哉一白雲峰在天池西岸北偏爲白山羣峰之主自池至巔高十三里山峯矗立聳入雲霄登臨一望大有飄飄欲仙之概二冠冕峯在天池東南自池至巔高約十餘里層巒叠嶂氣象萬千望之如冠冕又呼爲雪山峯積雪深不可測並有氷川時有炊烟一縷縹緲其上相傳爲仙人煉丹三白頭峰在天池南稍東自池至巔高十一里山勢崎嶇莫可名狀石色白如雪因呼爲白頭山四三奇峰在天池正南自池至巔高約十一里許峰如三人並立又名三人峰嵯峨嶙峋

倒影蕩漾景緻幽深誠大觀也五天豁峰在天池北岸東偏雙峰並峙高約十里許峰下有石隱有蝌蚪文字不可辨認相傳爲禹王所鐫六芝盤峰在白雲峰北五里許高約十里山中氣候溫暖冬日他山皆積有厚雪此峰獨無亦別具特觀者也七玉柱峰在白雲峰西南二里許爲白雲峰之輔峰高九里秀拔高聳狀如玉柱崎嶇險峻不可攀登饒有玉柱擎天之概八梯雲峰在玉柱峰南二里高七里積雪甚深上有瀑布下流爲梯子河山勢險峻水聲澎湃亦大觀也九臥虎峰在三奇峰之南形如臥虎故名臥虎峰山勢獰猙怪石嵯峨偶一登臨則驚神駭目大有戰戰兢兢之概十孤隼峰在紫霞峰東南偏一峰矗立形如鷹隼故名孤隼峰山勢雄壯草木幽深別饒奇觀十一紫霞峰在天池正東南與孤

隼相連高八里怪石嶙嶙錯落生動雲霞繚繞瑞色朦朧入夜望之閃灼有光或言上有寶石十二華蓋峰在白頭峰北偏狀如雞冠花故名華蓋峰峭壁絕巖異禽秀草賞心悅目大有觀止之嘆十三鐵壁峰介於錦屏梯雲二峰之間山石壁立樹木蔭翳登臨一望萬景在目十四龍門峰在天池北稍西蜿蜒如龍當二道白河發源之口如門戶然故曰龍門峰其上多瑞草異禽崇厓峻壁形勢雄壯十五觀日峰在龍門峰西二里許登其峰可觀日之出沒故曰觀日峰十六錦屏峰在鐵壁臥虎二峰之間形如屏故曰錦屏山光戴翠雲霧迷漫五光十色頗足留連天池深不可測鴨松圖三大江源皆出白山山陰山陽均有湯池山陽附近龍潭四處雖小於天池然深亦不可測其四走山脈如吉林如遼寧如山

東如朝鮮各山岳皆其本支其氣勢之雄渾遠非他山所能及我國若能建築電汽車道直達其巔任中外人士遊覽爲東亞第一名勝矣

文華洞　俗稱仙人洞在縣城東南八里許馬鹿溝裡洞高七八尺寬五六尺曲折幽深險不可探甫入洞廓而容距洞口數步有一石台上置泥盆色黑製粗拙非近式盆邊殘缺似爲士侵無欵識莫能詳其時代洞内石壁多作雲形禽鳥蝴蝶蝙蝠草木諸形狀花紋清宣統二年設治員許公位三命名曰文華相傳爲清初某道士所鑿清光緒初年道士王海濤重修行理有好事者持燭探之初入須俯首再行則寬敞半里許則漸坡下取石擲之如墮山谷聲然自往而返燭燼無

餘洞之深淺終不可測

鵰窩砬子　在縣城南三十里許有石巒壁立千仞高不可登遙望半空有石平坦方約丈餘鵰窩在上係以樹枝構成異常鞏固不知造於何時迄今形跡猶存故其地以此爲名焉

猴石　在縣城東四十里許松香河岸有石屹立高數丈遙望之如蹲猴因稱猴石

蓮花泊　在縣城南二里許有水泊周圍四十餘丈水深六七尺中植荷花相傳係淸初韓某所植每當夏季荷花盛開遊人不絕爲撫十景之一曰蓮池泛月

湯泉　湯泉有二一在縣西南五十里湯河北岸湯河以此得名一在緊江上源白山巔附近有溫泉湧出水熱如湯洗之能

瘰癬疥而緊江上源中流又有洗眼湯一處有湯眼二内有熱湯冲出高可六七尺遠望之頗似二目故名亦奇觀也

抽水洞　在縣城西北五十里許松花江岸有一山石壁嶙峋懸崖千尺山麓有石穴近接江邊江水注焉急湍瀠洄勢若輪轉筏船至此稍一不慎即被水抽入漩渦故名曰抽水洞

王八炕　在漫江東岸有洞口粗如盆圓潤如泥陶成據云八十年前由洞出蛟一條蜿蜒北行將砬子穿溝一道粗如洞口埒其跡至今猶存焉

十八洞　由漫江進白山泊子行八十里許在樺皮河子沿南八里有山名曰小山上有古洞十八處一班所見僅有四處相傳古跡頗多一洞深數丈有石炕焉上置石枕一長二尺許

中凹重八十餘斤光滑異常似有人居相傳從前有人在此修道又一洞深二丈許內有獸骨數堆草窩一處相傳爲虎穴焉復一洞行數丈有水深二三尺過此則寬敞有光別有洞天此均爲張公遊長白山時目所親睹足所親蹈皆有可記之價値其餘諸洞光怪陸離莫可思憶茲略而不詳

龍灣　在長白山西北二十里有山名曰小山上有龍灣一處廣可畝餘而深不可測有無數靑蛙充滿其中鳴聲嘈雜頗似蛙鼓亦趣觀也

乘槎河　由龍門天豁二峰間瀉出流聲汩汩飛掛石壁成爲瀑布下注五里爲二道白河即松花江之上源其出口處斜橫一石可以渡人因呼爲牛郎渡

撫松縣十景

柳城春曉 撫松縣城墻係用土堆成植柳作欄以閑內外每當春日初曉烟波泛綠景緻萬千

筆架尋秋 縣城南有山名曰筆架山以其中峯高聳而左右兩峯低下形若筆架每當秋際萬紫千紅遊人如鯽故名曰筆架尋秋

東山晨鐘 鎮邊樓上高懸一鐘置人守之每當黎明撞鐘俾闔城鬻民聞聲即起故名曰東山晨鐘

西江晚渡 松花江在縣城西門外每當夕陽西下楊柳渡頭好似山陰道上大有應接不暇之概誠撫松勝景之一也

蓮池泛月　城南有池廣可半畝其中荷花滿布粲然奪目每當月白風清之夕放舟遨遊採蓮泛月飄飄欲仙故題曰蓮池泛月

仙洞生雲　縣城東南八里馬鹿溝門有石洞焉深不可測名曰文華洞不待雕琢而玲瓏天成雲氣氤氳繞繚其上故題曰仙洞雲生

長隄垂釣　城西南隅苦於松花江泛溢之害因築長隄以防之每當柳綠風靜之時童叟持竿危坐垂釣焉

鎮邊遠眺　緣縣城東南山巔由公竹亭爲鞏固防務起見建設礮樓一座題曰鎮邊樓登樓遠望全城在目

松香環帶　撫松縣城北門有大水曰松香河蜿蜒自東北而來

環繞如帶水勢湍激其聲澎湃誠撫松之勝景也

白山積雪　長白山在縣境東南相距三百里如在目前其白如雪故題曰白山積雪

荒務

綜覽撫境形勢天成西界松江東接白山峯巒疊出森林茂密幅員遼濶寬長各二百餘里物產富饒誠我東省一大殖民地也惟以地處邊陲交通梗塞盜匪時起災患頻仍故設治以來歷任知事皆以荒務爲先着繼續進行者已十餘年終未振興今者剿捕日嚴防禦漸固匪氛日戢民生漸舒而瀋海路綫又延抵朝陽鎭則交通既較便歸往滋繁順機而力導之將見荒山悉成沃壤森林胥作利源其發展之程度安可以道里計哉述荒務

原放

撫松自前清宣統二年設治開始丈放荒地雖力圖進行汲汲推廣無如居戶星稀盜賊爲患報領乏人丈放無幾故許任二年中僅將縣城附近南北二甸子馬鹿溝廟嶺等處陸續放出計地二百餘晌皆係半荒半田迨民國二年湯公信臣繼任正值胡匪蹂躪之餘十室九空惻然意動從事剿捕遂與匪首劉大個子等積成宿怨翌年夏歷六月間該匪首突率其黨攻破縣城而湯公殉難縣署案卷與原放荒地之根據亦因而玉石俱焚矣此原放荒地之大略也

續放

民國三年匪亂之後由公升堂涖任重整殘局出示曉諭凡匪亂以前原領之荒地存根焚毁無可稽考各荒戶均須來縣另黏契尾以資信守並招集地方紳董討論續放荒地辦法將全境荒地一律規定沙城價格以期踴躍當因盜賊充斥民懼匪患原墾荒戶猶且棄而之他未來者望而卻步嗣經由公升堂梁公維新曹公祖培劉公天成高公文璐各任相繼招徠由民國四年至民國十五年歷十二年之久共開放荒地一萬一千餘晌其畝數段落多未勘定淸楚故套報蓋照等弊層見疊出十五年冬股匪鐵雷陷城之後張公元俊來守斯土辦理善後即另擬開放荒地手續重訂優待墾戶規則製成保結以示杜套報蓋照之弊如墾戶再

蹈前轍唯保人是問此弊既絶二年之間放出荒地三千餘晌前後合計共放出升科熟地一萬三千一百餘晌其他如露水河大城塲各大荒段地勢雖較平坦而開放招佃仍未發展者誠以樹林陰翳接近白山氣候特殊而不利於種植之故耳

墾務

撫松自前清宣統二年設治放荒至民國十八年歷二十年之久先後經各知事丈放荒地已升科者約計一萬三千餘晌預計至民國二十年連同已放未升科者可達一萬六千餘晌以全境之地核之尚不及十分之二其墾務之不振概可想見推原其故或以交通不便山林阻隔畏懼不前者有之或以土質磽薄不耐久畊隨墾隨棄者有之或託親友代領迄未墾種者亦有之然此種原因猶其小焉者耳最大原因如森林之繁茂胡匪之綁捐氣候水土之不良概足阻碍墾務之進行試略言之撫松之荒濱河絕少平原其可墾種者純係崗上半坡半坦之森林開墾之法將大小樹株一齊刊倒大樹則截斷其梢與小樹聚而焚之大樹之幹

非人力能移動者一任橫臥地上與豎立地上伐餘之樹本待其自腐播種芸苗須鑽穿木隙備極周折一夫終年之力墾地不過數畝秋穫僅得數石限於交通運售之艱難如有急需雖貶價以售亦無過問者夫終年勤苦日用無資久之不能不別適樂土此森林有碍於墾務進行者一撫地南界老龍崗西鄰吉省之濛江山險林惡向爲盜藪出沒不時其綁票勒捐之法對小有民戶或木廠窩戶則綁人勒贖平常貧民則先通信威嚇之限期勒令挨戶攤捐逾期不應或走漏風聲者即行燒殺誰無身家誰不怕死煢煢無告不得不避地以去此胡匪有碍於墾務進行者二縣境東南地高林茂日光不足氣候酷寒戀瘴之氣不特不利稼穡且有碍於衛生遠來之戶不習風土多於長林大崗之上取林木泉

水之便架屋墾荒不數年間少婦稚子往往觸癘而斃且居此森林所生之人每患沈溺重膇之疾手足踝節大腿蹣跚當由林木過於茂密其泉水挾帶之鑛質沈澱未能爲日光晒透故人食之即現以上各種病狀此關於水土者若寒癘者亦多起源於森林蓋每當秋冬土人輒得一種頭昏迷亂嘔吐之症一二日間一家或有死至多口者此關於氣候者在四五十年前寬甸桓仁通化諸縣凡森林茂密之地居民多患此病今寬桓各地老樹既無斯病亦少是其驗也今崗上老林中猶時見破殘板屋闃無居人此氣候水土有碍於墾務進行者三有此三者之阻碍故放荒二十餘年全境開墾之地僅十之二三今者縣政府洞悉此弊知森林岡阜不適居人除新設之各鎭基任商民自由居住其有報墾新

荒者責令各公安局所及村長等酌度宜於久居可成村屯地點無以上各害者始准領墾如此既便公安之保護保甲之連坐教育之設施彼大好之森林更可免其殘害奸宄胡匪亦無處窩藏清盜安民興教墾荒諸大政庶幾可期成效又縣境森林爲東北第一富源而墾荒移民尤爲第一急務有水道之便利最適於開發森林籌議集資採伐將來稅收既可增加開出林荒又可墾地其不能墾作耕地者别訂保護森林章程永作天然林場辦理得宜庶富何難坐致夫豈尋常磽瘠之區所可同日語哉

田畝

邑屬邊荒設治伊始山嶺綿亙河流縈迴以故地少平原野無膏腴所有歷年開放之荒共計升科者一萬三千一百二十三晌四畝五分價無分等盡歸沙城當領報之時多係指稱某處某溝長寬各若干計若干晌按晌作價而已並未實行丈量其實在晌數無從稽考祇將升科熟地段落區域列表於左

計開

第一區升科熟地晌數表

地名別	等則	晌數	土質	每晌荒價
北甸子	沙城	二八六、九七晌	黑淤	每晌荒價現洋一元
南甸子	仝	二四六、五晌	仝	仝

馬鹿溝	沙城	三〇〇、晌	黑沙	每晌現洋一元
馬鹿溝嶺西坡	仝	九、八	仝	仝
靨子圈	仝	一七、八	仝	仝
北馬鹿溝	仝	四五八、一	仝	仝
姜家蹚子	仝	九三、三	仝	仝
廟嶺	仝	一一三、一	仝	仝
馬鹿溝陽岔	仝	六三、七	黑礫	仝
韮菜溝	仝	一九七、一五	黑沙	仝
豺狼溝	仝	六八、九	仝	仝
腰營	仝	八九、六	仝	仝
松香河	仝	四〇二、七六	黑淤	仝

松香河靑溝子	仝	八一、二	黑沙	仝
上城廠溝	仝	一三一、一	黃白	仝
荒溝	仝	三五七、七	仝	仝
靑溝子	仝	三一五、六	黑沙	仝
弔打松溝子	仝	一七一、一	仝	仝
爛泥溝	仝	四四〇、七	黑淤	仝
于大頂子	仝	一九、八	黃黑	仝
合計		三千八百六十四晌二畝八分		

第二區升科熟地晌數表

地名別	等則	晌數	土質	每晌荒價
湯河	沙城	二二一六、二晌	黑沙	每晌現洋一元

刁窩砬子	沙城	二七〇、九晌	黃黑	每晌現洋一元
狐狸溝	仝	二一、八	黃白	仝
湯河巖子	仝	七五、九	黑沙	仝
樺樹咀小西岔	仝	五四、九	黃白	仝
大靑川	仝	八九、〇	黑淤	仝
仙人橋	仝	六一、三	黑沙	仝
臭松溝	仝	三三、八	黃白	仝
二道湯河	仝	二一、〇	黑沙	仝
四道湯河	仝	一〇五、七	黑沙	仝
六道湯河	仝	九九、五	仝	仝
金坑	仝	六一、六	黃黑	仝

蚊子溝	仝	一八二、六	黃白	仝
海青溝	仝	三八、〇	仝	仝
月亮溝	仝	四三、六	仝	仝
水洞溝	仝	九九、三	仝	仝
松樹咀	仝	六七、三	仝	仝
青溝子	仝	一一〇、〇	仝	仝
大營	仝	四二、八	黑沙	仝
寶馬川	沙城	五二、〇	黑沙	仝
海青嶺	仝	一〇六、九	黃白	仝
西南岔	仝	七七、二	黃黑	仝
楊樹頂子	仝	一〇二、九	黃白	仝

石頭河沙城		二九三、五晌	黑沙	每晌現洋一元
蛤蜊溝	仝	四一、二	黃白	仝
大頂子	仝	一一、〇	仝	仝
合計		二千三百八十九晌		

第三區升科熟地晌數表

地名別	等則	晌數	土質	每晌荒價
萬兩河沙城		八五五、一晌	黑沙	每晌現洋一元
萬兩河頭道岔	仝	六五、九	黃白	仝
萬兩河西北岔	仝	三八四、九	黑沙	仝
萬兩河沙金溝	仝	四二、〇	仝	仝
葦蘆溝	仝	五、六	黃白	仝

朝陽溝	仝	一一〇、五	黑沙	仝
大荒頂子	仝	九〇、六	黃黑	仝
頭道砬子溝	仝	一五二、〇	黑沙	仝
大黃泥河	仝	三三九、六	黃黑	仝
二道江太平川	仝	七〇、五	黃沙	仝
三道砬子河	仝	一〇四、九	黃沙	仝
四道砬子河	仝	一一九、一	仝	仝
五道砬子河	仝	六九、五	仝	仝
寶丹石	仝	七二、一	仝	仝
高登廠	仝	五四、一	黃白	仝
貝水灘	仝	七七、四八	黑沙	仝

石虎溝	沙城	一三五、四二晌	黑沙	每晌現洋一元
細鱗河	仝	九四、四三	仝	仝
露水河	仝	一四五、六八	仝	仝
合計		二千九百八十九晌四畝一分		

第四區升科熟地晌數表

地名別	等則	晌數	土質	每晌荒價
大青溝	沙城	二三二六、一晌	黃黑	每晌現洋一元
大青溝西北岔	仝	七七、四	仝	仝
棒錘溝	仝	一一九、九	仝	仝
雙溝子	仝	五四、六	黃白	仝
太平溝	仝	一六九、〇	黑沙	仝

城廠溝	仝	二一三、六	仝	仝
草扒溝	仝	三八八、一	仝	仝
陡溝子	仝	七六、二五	仝	仝
烟囱砬子	仝	四一、五	黃沙	仝
抽水洞	仝	二五七、九	黑沙	仝
梨園溝	仝	一六二、三	仝	仝
葦沙河	仝	六一四、四	仝	仝
道青河	仝	七一、九五	仝	仝
雙陽哨	仝	一〇四、二三	仝	仝
榆樹河子	仝	二九五、〇五	仝	仝
小黃泥河	仝	一一七、三五	黃白	仝

仁義砬子沙城		四九、八晌	黄白	每晌現洋一元
金坎	仝	一八、五	仝	仝
合計		三千零五十七晌九畝三分		

第五區升科熟地晌數表

地名別	等則	晌數	土質	每晌荒價
頭道砬子河沙城		八九、五晌	黄白	每晌現洋一元
二道松江河		四五、二	黄黑	仝
普春河		六三、五	仝	仝
礎草頂子		三九、七	黄白	仝
大頂子		三二、九	仝	仝
鵝毛頂子		九、一	仝	仝

蘊泉村	仝	七五、〇	仝	仝
青頂子	仝	七、七	黃白	仝
干飯岔	仝	一六、一	仝	仝
合計		三百七十八晌七畝		

第六區升科熟地晌數表

地名別	等則晌	數	土質	每晌荒價
樓家崴子	沙堿	二三晌、四	黃白	每晌現洋一元
三道松江河	仝	四七、二一	仝	仝
竹木里	仝	三五、二	仝	仝
漫江	仝	五一、一	仝	仝
漫江營	仝	二七、四	黑沙	仝

三道廟嶺沙城		六、三晌	黄白	每晌現洋一元
大房子	仝	一三、三二	仝	仝
合計		二百零三晌九畝二分		

第七區升科熟地晌數表

地名別	等則	晌數	土質	每晌荒價
宏道河沙城		六七、五	黄沙	每晌現洋一元
蛤蜊溝	仝	三三、七	黄白	仝
西岡南山	仝	二八、九	仝	仝
南天門	仝	三五、八	仝	仝
孤砬子	仝	一二、五	黄白	仝
板石河子	仝	一五、七	黑沙	仝

橫道河子	仝	二三、一	仝	仝
大川	仝	二三、〇一	仝	仝
合計		二百四十晌零二畝一分		

統計全境七區升科熟地一萬三千一百二十三晌四畝五分按本縣所放荒地除領荒時繳納荒價外並不輸納任何捐款必俟三年升科之後始著錢糧册籍統按城賦地輸納錢捐每年均有升科故全縣升科地畝總數亦不能確定將來悉數放盡升科之後再從事清丈方能得有確額右表所列係根據民國十七年度錢糧處徵收册報之數合併誌之

政治

撫松遠處邊徼地屬林荒設治伊始事多草創凡百設施皆因陋而就簡諸多要政胥無實而徒名然斯非治法之不良治人之未得實出於土地曠荒匪患迭生有以致之也故在昔新政如自治區村等制以鄉閭民戶寥落幷未施行警察向由知事兼代不設警長僅有區官一人襄助辦理尚每感款項之不足而從事於裁減他如司法則無員書之設舊監則有米鹽之憂惟保甲一事施行至今以之協助警察勦捕盜賊每奏奇功寔本縣政治史中一大特色也茲者交通漸便市面發達地闢民稠庶政方興前途無量願今後官民勉旃毋懈述政治

沿革

撫松原隸吉林濛江州前淸宣統二年改隸奉天屬東邊道始設治焉派委員兼理訴訟分掌民政財政司法事務是年適總督趙帥爾巽整頓吏治剔除衙門積弊通飭各屬裁併六房改爲民事刑事統計三科每科應設科長一人裁撤三班另募法警因設治之時事務簡單三科僅設科長一人輔助委員掌管一切事務三年復改爲行政執法會計三科三科仍僅設科長一人民國建元將執法行政會計改爲第一第二第三三科仍置科長一人民國二年改設治局爲縣公署民國四年改行政公署爲縣公署復頒銅印一顆文曰撫松縣印相沿十餘年仍沿舊制無何變更民國十四年司法與行政分權由縣知事兼理司法設承審員一人十

六年復將第一第二兩科各設科長一人科員各一人十八年四
月改縣公署爲縣政府縣知事爲縣長設兩科每科置科長一人
科員二人

政績

治國之道首在得人不得其人則治亦將亂苟得其人則危可爲安即考之一縣亦何莫不然撫松爲邊區重要之地省署對之極爲注意是以設治以來二十餘年歷任知事無不清廉自守愛民如子若不詳爲記載雖美不彰雖善弗存茲將歷任知事之政績一一詳誌於左以垂永久後之來者亦有所觀感云

許中樞字位三河南項城人清宣統二年三月任性溫和平易近人新造斯邑籌畫周詳措欵辦學始興文教親詣長白山勘界繪圖區域賴以公允在任二年頗多善政民國元年十月再任六閱月謝病去綜計兩任慘澹經營厥功獨偉

陳鑑字冰生河南固始縣人民國元年三月任賦性忠誠不燥不急勤政愛民在任八月

汪鳴鶴字雲翀安徽省人民國二年三月任七月辭職在任放大營街基設立商賈

湯信臣直隸天津人民國二年七月任性勇敢不避危難民國三年陰歷六月初二日股匪陷城商民逃避一空公獨守義不去在大堂以手槍奮擊胡匪遂及於難其勇敢氣象足以寒匪膽而勵

人心雖死之日猶生之年尤堪爲湯公咏矣

由升堂字竹亭山東黄縣人前清乙酉舉人民國三年七月任公正廉明果勇有爲其學業道德尤足令人崇仰劃全縣爲九團各招團勇以利防勦建土城植柳爲閑設五門九橋修旌烈祠鎮邊樓並各有題咏以誌其盛增設學校防勦胡匪尤不遺餘力在任三年民國八年復任前督辦王請於省長委以東邊軍隊總指揮俾收勦捕之效惜履任五月即辭職去

蘇毓芳字秀亭本省義縣人前清附生法政畢業民國六年七月任熱心學務添設女學一處女子始有求學門徑政事亦頗可觀在任一年

梁維新字焕一法庫縣人奉天兩級師範學堂畢業曾任本縣勸

學所所長繼又被舉爲省議員民國七年任性和藹慈惠廉明民沐其澤下車伊始即建築監獄瓦房七間添設學校一處防剿胡匪尤能認眞在任一年

趙佩光字壽彭熱河承德縣人民國八年二月任忠厚老誠作事率眞兼工書畫在任一年

曹祖培字樹葭安徽歙縣人前清附生民國九年三月任毅勇方正政尚嚴明勤捕尤極認眞建築縣署草房七間設警鐘於東山礮臺之上立茶市添設學校一處學問宏富尤工吟咏

劉天成字靜琢河南商城人民國十一年二月任性儉樸廉潔不苟長於折獄遇公益事必亟力提倡之嘗募款購置第一校校舍一處及典女學校舍一處其熱心學務如此民國十二年春民食

缺乏請款賑之

高文璐字伯嶼遼寧遼陽人法政學堂畢業民國十四年二月任法律嫻熟長於聽斷建修西城門樓

張元俊字傑三遼寧寬甸人奉天兩級師範學堂畢業曾被舉爲奉天省議會議員衆議院議員國民代表會議議員民國十六年一月任適值胡匪破城之後滿目瘡痍甫下車即以勸撫流離捕滅匪氛爲己任是年冬通臨刀匪四起攻城破鎮時有所聞公督飭警甲嚴行堵擊并出隊應援臨江克復林子頭等處迨至十七年秋胡匪肅清庶政畢舉如重修縣城與鎮邊樓建築縣署與警所房間圍墻炮臺各關炮臺卡所城門昭忠祠武廟添設師範學校及警區防所教養工廠醫學研究會市場改革村會禁止攤派

會費整頓警甲取銷炮手隊及董事財政員請免募農公債貸欵請賑領槍彈請欵修縣政府築江壩新闢通隣縣大道嚴查鶯粟剷除凈盡設苗圃圖書舘親往長白山天池勘界繪圖撮影率墾戶在漫江放街基設防所總之公堅忍耐勞於政治之應興無不力而行之於前歷任著作無不擴而新之

職官

歷任縣知事表

職別	姓名	次章	籍貫	出身	就職年月
設治員	許中樞	位三	河南項城		清宣統二年
知事	陳鑑	冰生	河南	貢生	清宣統三年
縣知事	許中樞	位三	河南項城		民國元年一月
縣知事	汪鳴鶴	雲狆	安徽		民國元年八月
縣知事	湯信臣		天津		民國二年八月
縣知事	由升堂	竹庭	山東黃縣	舉人	民國三年八月
縣知事	蘇毓芳	秀庭	義縣	附生 議員	民國六年七月
縣知事	梁維新	煥一	法庫	奉天兩級師範學校畢業 議員	民國七年五月

縣知事	趙佩光	壽彭	熱河		民國九年一月
縣知事	由升堂	竹庭	山東黃縣	舉人	民國九年十一月
縣知事	曹[illegible]培	樹蔭	安徽歙縣	附生	民國十一年三月
縣知事	劉天成	靜琢	河南商城		民國十二年十二月
縣知事	高文璐	伯嶼	遼陽	奉天法政學校畢業	民國十四年二月
縣知事	張元俊	傑三	寬甸	奉天兩級師範學堂畢業 議員 簡任職存記	民國十六年一月

現任職員一覽表

職名	姓名	次章	籍貫	出身
縣長	張元俊	傑三	寬甸	奉天兩級師範學堂畢業
承審員	何世同	馨九	岫岩	奉天法政專門學校畢業
承審員	王宗義	幼卿	寶坻	奉天法政專科畢業
第一科科長	于昆田	伯庚	寬甸	奉天兩級師範畢業
第二科科長	王家林	翰忱	寬甸	東邊道立中學畢業
科員	姜玉璽	國珍	寬甸	奉天第一工科卒業
科員	趙秉公	維民	鳳城	簡易師範畢業
科員	藍允辰	政怡	瀋陽	職業中學畢業
科員	李廷華	蔭吾	桓仁	桓仁縣立師範本二級畢業

司法書記員	姜樹人	濯岷	寬甸	奉天全省警官學校畢業
司法書記	于連升	錫三	臨江	臨江師範講習所畢業
書記長	鄭寅斗	統三	山東	
書記	盧月桂	天香	撫松	撫松高等小學畢業
書記	馬秀嵐	銀峯	直隸	
書記	于振國	維藩	瀋陽	民國十二年在軍士連畢業
書記	崔書樊	席珍	瀋陽	軍官教育班畢業
書記	鄒本珍	金堂	莊河	莊河初級小學校畢業
收發員	李廷華	蔭吾	桓仁	桓仁縣立師範本二級畢業
管卷員	張潤書	靜幃	寬甸	東北陸軍軍官教導隊畢業

現任稅捐局職員一覽表

職名	姓名	次章	籍貫	出身
局長	張元俊	傑三	寬甸	奉天兩級師範學堂畢業
課長	姜玉璽	國珍	寬甸	奉天第一工科畢業
課員	張學誠	志純	鳳城	
稽查主任	王仲衡	紫屏	寬甸	
僱員	王廷萱	樹堂	山東海陽	
	曹柏文	質清	遼陽	
	姜儒生		安東	
巡查	刁重德	新圃	寬甸	
	張本立		輯安	

	張萬春		輝南
松樹鎮分所主任	劉明	啟東	昌黎
巡查	單廣堯	庚堂	撫松
海青鎮分所主任	蘇魁梧		安圖
巡查	龐殿生		寬甸

行政會議

撫松於十八年五月間奉省令爲促進縣屬政務起見召集全縣行政會議俾收集思廣益之效並頒發縣政府行政會議規程令仰遵辦到縣經縣長張公傑三召集農商學各界以及地方首領公正士紳十八年六月二十四日開第一次撫松縣政府行政會議自此會議設立對於地方行政事宜大有興革之概茲將會員姓名列後

撫松縣政府行政會員錄

職別	姓名	次章	籍貫	現就職別
主席	張元俊	傑三	寬甸	署理撫松縣縣長
副主席	張景玉	璞菴	義縣	撫松縣公安局長
會員	于昆田	伯庚	寬甸	撫松縣政府第一科科長
會員	王家林	翰臣	寬甸	撫松縣政府第二科科長
會員	何世同	馨九	岫岩	撫松縣政府承審員
會員	郭恩溥	潭軒	撫松	撫松縣商會長
會員	劉鵬	凌雲	撫松	撫松縣商會副會長
會員	史春泰	仲林	撫松	撫松縣農會長
會員	徐肇業	蘭亭	撫松	撫松縣農會副會長

會員	安茂林	竹溪	撫松	撫松縣蓡會長
會員	孫作文	煥章	撫松	撫松縣東崗蓡會長
會員	矯魁棠	華亭	撫松	撫松縣西崗蓡會長
會員	崔其發	福亭	撫松	撫松縣北崗蓡會副會長
會員	于本林	慧圃	撫松	撫松縣東崗蓡會副會長
會員	李永慶	紀臣	撫松	撫松縣西崗蓡會副會長
會員	時錫箴	子言	撫松	撫松縣教育會長
會員	石景昌	紹文	撫松	撫松縣教育副會長
會員	車煥文	景堂	撫松	撫松縣教育局長
會員	車仁盛	全舟	撫松	撫松縣財政局長
會員	李席珍	聘之	撫松	撫松縣教養工廠長

會員	關明起	耀東	撫松	士紳
會員	李明祥	瑞林	撫松	士紳
會員	李長勝	銘三	撫松	士紳
會員	張萬程	鵬九	撫松	士紳
會員	李效勤	功甫	撫松	士紳
會員	孫肇昶	紹文	撫松	士紳
會員	尚振良	子材	撫松	士紳
會員	袁夢周	子久	撫松	士紳
會員	杜錫和	太然	撫松	士紳

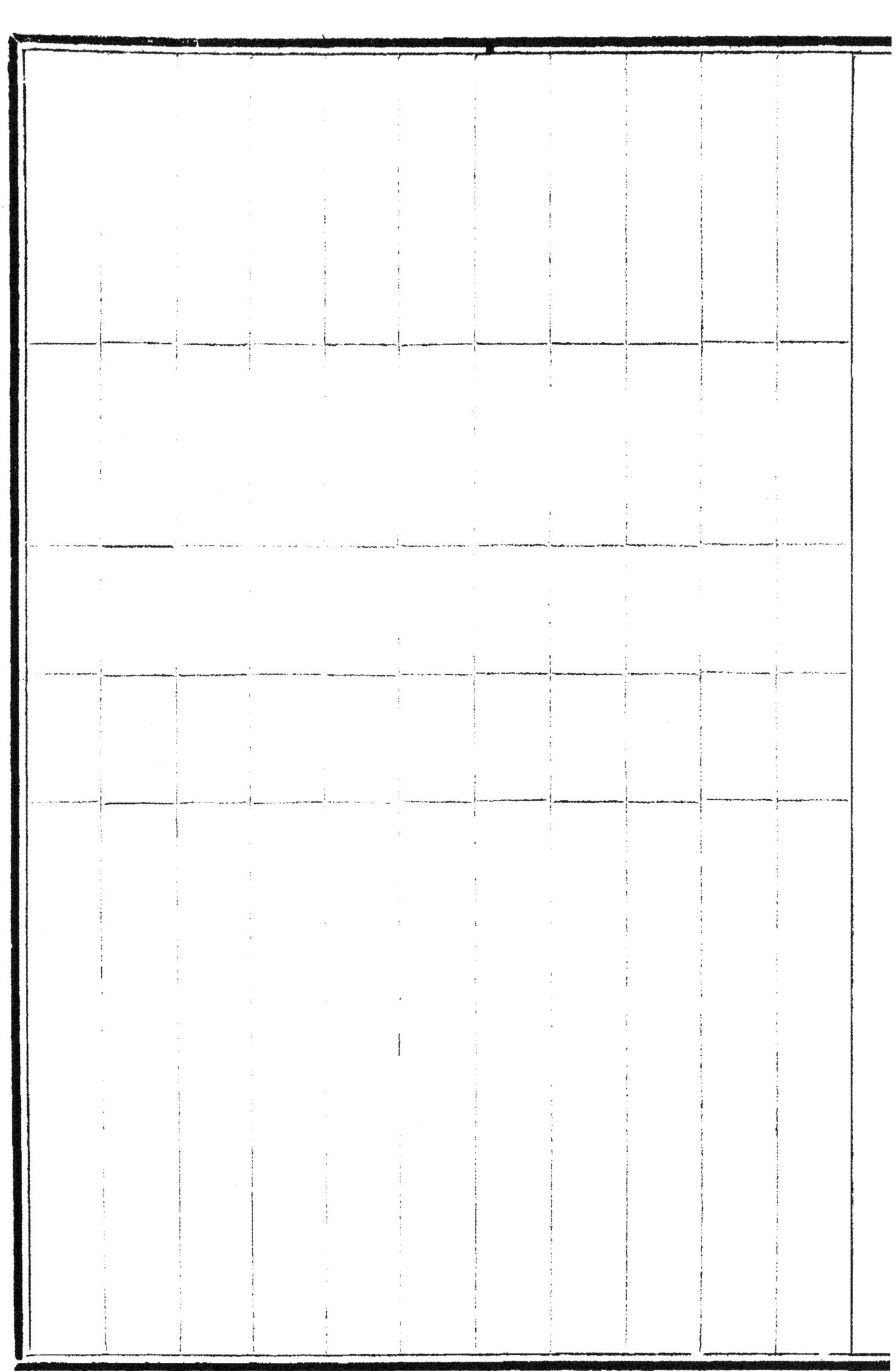

議事會

撫松縣地僻民稀荒蕪遍野自前淸宣統三年始成立議事會第一期議長王海議員郭乾林王永俊王玉福第二期議長于文學議員單豐亭李文增王永俊未幾奉令裁撤

教育宗旨

科舉時代以八股取士專制帝王籠絡英雄之手段即尊經崇儒砥礪士行亦不過養成臣民卑馴之行性供君主之驅策而已本無所謂教育宗旨也有清末葉歐風澎湃科舉停止舉國興學始明定以忠君忠孔尚公尚武尚實爲教育宗旨振頹起懦學風丕振加以滿清之秕政列强之壓迫總理先知先覺奔走呼號致力革命而辦教育者亦羣以救亡爲目的卒釀成辛亥革命改造民國之壯舉民國肇建教育部公布教育宗旨爲注重道德教育以實利教育軍國民教育輔之更以美感教育完成其道德及歐戰告終世界大勢爲之一變乃以養成健全人格發展共和精神爲教育宗旨其後咕嗶之士率多投筆從戎未始非軍國民教育有

以導其機也比年以來內亂頻仍經濟破産帝國主義壓迫愈甚總理知革命之不澈底乃復三民主義號召同志剴切曉喻竭力宣傳起沉痾而救危亡以期貫澈主張十七年南北統一十八年三全大會更明定教育宗旨中華民國之教育根據三民主義以充實人民生活扶植社會生存發展國民生計延續民族生命爲目的務期民族獨立民權普遍民生發展以促進世界大同救國大計炳若日星從此服膺主義篤信力行則訓政設之功不難實現享大同和平之治豈不休歟

教育行政機關

教育局　撫松地廣人稀學童極少設治多年全境學校不過二三處向無教育行政機關之設迨民國十年居民較稠學童漸多而學校亦逐漸增加遂有勸學所之成立以資統攝民國十二年六月奉令改稱教育公所內設所長一事務員一僱員二十八年五月又奉令改組爲教育局內設局長一督學一課長一委員三課員二僱員二全年經費三千七百零二元四角

附歷任所局長

車煥文　字景唐山東海陽縣人清附生通化師範講習所畢業民國十年任勸學所所長十二年改稱教育公所所長

馬景陽　字潔泉民國十八年五月奉委惟未到差

薛仁山　字向五海城縣人師範本科畢業歷充盤山台安錦西等縣縣視學錦西縣督學民國十八年九月任局長職

全縣教育局校職教員一覽表

職名	姓名	次章	籍貫	出身
教育局局長	薛仁山	向五	海城	海城縣師範本科畢業
課長	馬靑山	岫峯	撫松	臨江縣師範講習科畢業
教育委員	許成偉	冠英	撫松	通化縣初級中學畢業
教育委員	張俊彥	子勛	海城	海城縣師範講習科畢業
課員	符永禮	守和	河北昌黎	昌黎縣立高級小學肄業
縣立師範教習科校長	田亞錚	雅橋	撫松	北平私立華北大學教育專修科畢業
教員	成价藩		山東青州	北平師範大學肄業
教員	楊崇吉		河北唐縣	北平私立華北大學教育專修科畢業
縣立第一小學校校長	佟文祥	瑞麟	東豐	遼寧省立第三中學畢業

教員	史玉珩	品方	河北清河	清河縣單級師範畢業
教員	胡藎民	藎民	撫松	臨江縣師範講習科畢業
教員	史鴻鈞	元才	寬甸	遼寧省立第一高級中學畢業
教員	王鍾瑞	英華	撫松	臨江縣師範講習科畢業
教員	董清溥	竹橋	河北慶雲	天津縣立中學畢業
教員	劉　熙	濬光	山東沂水	沂水縣立高級小學畢業
教員	董吉和	致中	撫松	新賓縣立高級小學畢業
教員	張蔚中	冠庸	撫松	煙台益文中學校畢業
縣立第二小學校校長	時錫箴	子言	山東文登	遼寧省立農林學校蠶桑科畢業
教員	安茂爔	晴軒	山東日照	煙台益文中學校畢業
縣立第三小學校校長	鮑宗洛	善齋	山東萊陽	萊陽縣教員講習所畢業

教員	張郁文		桓仁	桓仁縣師範講習科畢業
縣立第四小學校校長	周鳳陽	桐軒	安東	遼寧省立教員補習科畢業
教員	周孝貞	馨如	安東	遼寧省立女子師範蠶桑科畢業
教員	趙蕙閣		撫松	昌圖縣女子師範講習科畢業
教員	李瑞蓮		山東歷城	濟南女子師範肄業
教員	譚輔臣	受乾	瀋陽	遼寧省立簡易師範畢業
縣立第五小學校校長	徐秀山	曉樓	桓仁	
教員	郭維東		輯安	輯安縣師範講習科畢業
縣立第六小學校校長	杜錫和	泰然	昌圖	昌圖縣師範講習科畢業
教員	牛善堂	效元	山東諸城	
教員	韓應侯	紹范	山東即墨	即墨縣單級師範養成所畢業

教員	于占魁	梅閣	海城	通化縣師範講習科畢業
教員	張錫銘	新三	臨江	臨江縣師範講習科畢業
教員	杜英傑	偉民	撫松	臨江縣師範講習科畢業
教員	孫鳳祥	勛剛	安東	東北學生隊畢業
教員	佟鳳剛	瑞周	撫松	撫松縣高級小學校畢業
縣立第七小學校教員	袁夢周	子久	通化	遼寧省立第一師範學校肄業
縣立第八小學校校長	安瀾	仲饒	山東日照	濟南中學肄業
教員	牟乃綱	中平	山東日照	莒縣私立會文中學畢業
縣立第九小學校校長	石永序	壽山	山東莒縣	莒縣師範講習科畢業
教員	劉學慶	餘甫	桓仁	桓仁縣師範講習科畢業
教員	郭孟鄰		通化	通化縣師範講習科畢業

教員	張鳳山		山東莒縣	
縣立第十小學校校長	王廷萃		寬甸	寬甸高級小學校畢業
教員	吳慶麟	致祥	安圖	安圖縣師範速成班畢業
縣立第十一小學校教員	于連陞	錫三	臨江	臨江縣師範講習科畢業
縣立第十二小學校教員	王翔雲		山東武定	濟南私立育英中學畢業

教育法團

教育會　民國十二年成立以全縣學校職教員爲會員額置正副會長各一人由全體會員投票選舉之每三年改選每年開通常會二次於寒暑假内舉行全體會員提出議案經全體通過者認爲成立呈請縣署執行十八年五月教育部另行制定規程改設執行委員會由會員大會選出委員五人組織之任期一年其職務爲執行議决案及指揮秘書以下各職員辦理會務設秘書一人由會員大會選出聘任之任期一年教育會每年應將會員名册及會務概况報告省教育會並呈請教育局轉報教育廳

附歷任正副會長

史春泰　民國十二年當選
杜錫和
袁夢周　民國十六年當選
杜錫和
時錫箴　民國十八年當選
石景昌

教育研究機關

小學教育研究班　民國十八年十月設立小學教育研究班一處假師範講習科地址每當日曜日招集城關各校職教員開會研究三小時期限定爲三個月所講科目爲黨義訓育教學法示範教授數學等科以資訓練而期改進

教學研究批評會　該會設於城關學校每週内指定某校實習某科別校職教員前往參觀教學一小時畢互相批評討論如此輪流週而復始以期教育方法日臻完善

讀書會　此會由各校自行組織職教員分閱教育書報或其他書籍研究有心得者報告會内互相討論觀摩以引起讀書之興趣而收切磋之效

教育研究會　每學期開會三次開會日期在日曜日各教員聚集以學理經驗之所得提出意見以研究教學訓練養護方法改良進步以期教育事業日臻發達更由教育局發出教育問題令各員函答或各員研究有心得呈報教育局中選者酌給奬勵

假期講習會　講習會所以增進小學職教員教育之知能也十八年寒假舉辦一次縣長教育局長爲正副會長縣長教育局長課長委員師範訓育主任担任講員講演黨義三民主義教育訓育教學法示範教授數學童子軍訓練法等科内中以黨義及實地練習最關重要再三宣傳各個練習以務實際而免扞格

撫松縣小學教育研究班規程

一宗旨　專爲城關各小學校職教員研究黨義及教學訓練養護等方法以增進其知能其鄉校各職教員得於寒假講習會研究之

二地點　假師範講習科校舍

三資格　現充小學教員及職員

四學科　黨義　教育　（訓育　教學法　示範教授　實地練習　養護）　數學

五講員　教育局長及縣督學或另聘人担任之

六時間　在日曜日上午究研三小時

七期限　自十月起至年底止如仍有研究之必要於明年開學

後再繼續進行

八經費　講員純係義務

撫松縣第一期寒假教育講習會規程

一宗旨　爲縣境各小學職教員增長其教育知能爲宗旨

二地點　假縣立第一校

三資格　現充小學教員及職員其有願入會講習者須由會長

許可並須隨同考試合格者聘爲教員

四學科　黨義　訓育　教學法　示範教授　實地練習　童

子軍訓練法　算術

五會長　縣長爲正會長教育局長爲副會長

六講員　縣長教育局長縣督學課長委員並另聘熟諳教育人

員担任

七時間　每日六時

八期限　自放寒假日起講至十日爲止

九經費　講員純係義務但所供膳費會員講義爐火等費亦由公款開支

十考試　講習完畢舉行考試藉以甄別成績

教育集會

教育局爲文化機關負啟迪民智之全責而民智之開啟尤非開會宣傳不爲功也十八年下季關於國慶日總理誕辰雲南起義紀念日南北統一紀念日以及縣長由省回縣王前廳長因病逝世均曾由局率全體員生開會一方而激勵學子一方而啟迪民智繼此不懈竭力宣傳則訓政建設之成功計日而待矣

附開會歌詞

開國紀念歌

民國成立十有八歲回想辛亥年武昌曾起義扶持人道整頓山河寰海豪傑響應雲集推滿清除專制華族華雄飛萬里國家多禍變廣州再出師統一神州陸高揚青白旗三民五權須澈底打

倒帝國主義大家努力

總理誕辰慶祝歌

其一

浩浩昊天生異人　其仁如天智如神　大哉先生　救國救民

展經綸　行易知難著偉論　倡五權　創三民　利物濟艱拔

沉淪　建國方略　博大精深　偉矣哉新詣獨創　功邁古今

其二

矢志革命覆清廷　豪傑並起效公忠　推翻專制　手造共和

建奇功　號召西南維法統　扶弱小　打不平　天下爲公大

道行　以奠國本　以進大同　偉矣哉德宣中外　民無能名

雲南起義紀念歌

嗚呼袁項城　不爲華老　要學拿翁　帝制自私　大錯鑄成

幸賴蔡公　擁護共和舉義兵　推翻洪憲　偉矣再造功

歡迎張縣長由省行政會議回縣歌　民國十八年十月

秋風起兮白雲飛　萬里鵬程歸　白山依依錦屏開　日月增光輝　政治精神要發揮　我公志願偉　敬教勸學樂栽培　爲國造人材　栢廬廬陵漢龔遂　先後可媲美　松江屈曲流復回　巍巍功德垂

追悼王前教育廳長歌詞

噩耗傳來入夢頻　西風瀋水賦招魂　德音已渺淚空灑

俎豆雲天何處陳

遼水青年沾雨化　哲人其萎夕陽斜　而今對影徒揮淚

盃酒斷腸哭天涯

撫松縣立師範校訓歌（勤敬健愛）　薛仁山

求學第一總要勤當惜寸陰與分陰莘莘學子切莫辜負此青春

對師對友要敬謹好男兒眞國民强健身體精神振五育身領畧

黨人國體遵這纔是愛國羣與國維新

學校教育

創始概略　撫松之有學校自民國五年三月始當時由公升堂創設縣立第一小學校始孕育地方教育事業民國七年三月教育公所所長車煥文創立女學一級即今縣立第四小學也其後馬鹿村創立學校一處嗣又移於山東會館即今第二小學也至第六小學爲第十第十一第十二各校所歸併若第五第七均以私塾改建良以地方經濟困窘教材缺乏因陋就簡有不得不然者縣長張公傑三有鑒於此因於十八年下季創立師範講習科一處以儲教材而裕師資勿論經費如何支絀而鋭意進行卒底於成將來催建校舍厲行義務教育均有所依據則撫松教育之發展可操左劵矣

擴充教育

甲社會教育

圖書館　縣內官紳商農暨各界捐欵購置圖書於十八年十二月成立附設教育局內設館長一人係義務職不支薪水茲將其設備志下

一　購置萬有文庫以備人士之閱覽

二　購置兒童書報備兒童之閱覽

三　購置通俗書報備一般民衆之閱覽

此係開辦之設備繼茲以往凡社會有新出之圖書必隨時募欵隨時購置務期社會教育與時並進焉

通俗教育館

通俗教育館附設通俗講演所於十八年十二月成立内分四部

一　圖書部　備淺近黨義平民書報月刊等以備民衆之閲覽

二　講演部　每日由講演員按時講演使一般民衆了解三民主義國家時事國際間情形世界之趨勢並宣傳風俗之改革新政之設施四權之行使以樹地方自治之根基

三　新聞部　備各種新聞紙以便民衆閲覽並隨時爲之宣講以期了悟

四　娛樂部　備電影留聲機及游藝器具等既易招徠民衆聽講復以導作正當娛樂

乙民衆教育

第一民衆學校　附設於縣立第四小學校内招有女生一級每

日課以平民千字課二小時及常識三民等科由教育局職員擔任不另支薪

第二民衆學校　附設於縣立第一小學校內招有男生一級所授課程與時間與一校同由該校教員輪流擔任不另支薪

第三民衆學校　附設於縣立第六小學校內招有男生一級課程與時間與一校同由該校教員輪流擔任不另支薪

學田

宣統二年設治之初經知事許公將縣境漫江荒林劃歸學田升科計一千一百三十三畝該荒面積頗大可闢良田數萬畝唯以地勢稍高氣候較寒胡匪潛藏墾戶不易招徠故至今開墾者仍屬無幾近來胡匪漸清內地難民日集現已設防所駐兵保護示以久長之計可漸闢爲廣大之田區則租粮之所入教育經費自能充裕矣

撫松縣教

類別＼進度		現在狀況	將來計劃
師範教育	預儲教材	現有師範講習科一級三十人	1,添招插級生二十人 2.二十年秋季續招師範講習科一級 3,十九年秋季添設師範速成班一級
	訓練師資	1,開設小學教育研究班 2,舉辦講習會	1,繼續開設教育研究班 2.組織教育研究會 3,組織教學批評會 4,組織教師年會 5,設黨義研究會
普通教育	義務教育	1,現有初級二十級高級五級計七百人	1,分劃學區調查學齡2,擴充女子教育俾平均發展3,男女兼收4,酌量地方經濟籌增經費5,添設學警已逹學齡兒童不入校者强迫之6,酌增學費極力令各校修繕購備以便應用7,推銷婚書以裕女學經費8,修建縣二縣四縣五縣七縣八縣九小學校舍以增級次9,抽水洞東崗馬鹿村珠寶村修建校舍設立學校10暫擬十九年增二十級二十年增二十級二十一年增三十級11舉行會考12舉辦成績展覽會
	中等	現無中等學校	1,設立高小畢業生之補習學校 2,擬於二十年秋季添設初級中學一級

計劃進行表

擴充教育				職業教育
社會教育	民衆教育	勞動教育	特殊教育	
2.圖書館在組織進行中	1,現有民衆學校一處	現無勞動教育	現無特殊教育	現無職業教育
通民衆閱覽2擴充通俗教育館一、講演部二、圖書部三、新聞部四、娛樂部3,設公共體育場4,設公園5,改良戲劇6,改良書詞7.立黨義宣傳會8,組織外交後援會	1,調查文盲確數2,調查文盲經濟狀況分期入民衆學校3,在民衆學校畢業者仍須繼續分期畢業以提高其知識4,設民衆茶社5.繼續舉行識字運動6,招集民衆集會7,宣傳防疫驅蚊滅蠅等事8.設商業補習學校9,設婦女補習學校10設露天學校11設民衆劇社	1,組織農工展覽會 2,設俱樂部 3,設勞農勞工學校 4,設勞動學院	1.設盲啞學校 2,注意教導神經病學生	1,擬於二十年春季應地方之需要添設職業科一級 2,教學課程注意職業化

附注　表內未列幼稚教育一俟經費充裕便行設立

警察沿革

撫松警政之設始於宣統二年初名爲巡警總改爲警察所長由縣知事兼任之僅於城內設有中區置有區官民國七年警務局分立設警務長並添設第二區於松樹鎮民國八年警務局改爲警察事務所警長改爲警察所長添設第三區於貝水灘民國十六年添設第四區於抽水洞民國十七年添設第五區於北崗第六區於東崗第七區於西崗民國十八年四月警察所改爲公安局警察所長改爲公安局長

歷任警察所長表

職別	姓名	次章	籍貫	到任年月
設治員兼巡警局長	許中樞	位三	河南安陽	清宣統二年三月
知事兼巡警局長	陳鑑	冰生	河南固始	民國元年三月
縣知事兼警務長	許中樞	位三	河南安陽	民國元年十月
縣知事兼警務長	汪鳴鶴	雲翀	安徽	民國二年三月
縣知事兼警務長	湯信臣		直隸天津	民國二年七月
縣知事兼警務長	由升堂	竹亭	山東黃縣	民國三年八月
縣知事兼警務長	蘇毓芳	秀亭	義縣	民國六年七月
警務長	鄭緒林	繼先	山東萊陽	民國七年
警察所長	王福亭		瀋陽	民國八年

警察所長	璵煥	寶光	瀋陽	民國九年
警察所長	劉德麐	雲峰	遼陽	民國十年
警察所長	黃宗炎	漢傑	臨江	民國十五年冬
公安局長	張景玉	璞菴	義縣	民國十七年一月
公安局長	杜九文	煥章	義縣	民國十九年一月

保甲沿革

撫松自民國四年設有保衛團設正副團總民國九年改保衛團爲保甲辦事處設保甲委員民國十一年保甲辦事處改爲保甲事務所保甲委員改爲保甲所長以警察所長兼任之民國十四年警甲合併改爲警甲所長民國十八年保甲改編爲公安第三十七隊設有中隊三獨立砲分隊一公安大隊長現由公安局長兼任之於民國十八年秋由處委趙魁元專任公安第三十七大隊隊長是年冬處又派委賈俊義接充民國十九年三月又改委王永誠接充

歷任保甲所長

職別	姓名	次章	籍貫	到任年月
保衛團團總	於廣義	景春	撫松	民國四年
保衛團團總	徐肇業	蘭亭	山東莒縣	民國六年
保甲委員	張鵬頡	登雲	山東海陽	民國九年
保甲委員	於廣義	景春	撫松	民國十年
警察兼保甲所長	劉德慶	雲峰	遼陽	民國十一年
警甲所長	黃宗炎	漢傑	臨江	民國十五年
公安第三十七隊長	張景玉	璞菴	義縣	民國十七年一月
公安第三十七隊長	趙魁元	仲三	蓋平	民國十八年九月
公安第三十七隊長	賈俊義	鳳忱	本溪	民國十八年十二月

公安第三十七隊長 王永誠 耀卿 義縣 民國十九年三月

公安

撫松於前清宣統二年設立巡警繼又改爲警察全縣警察共分三區以城內爲第一區松樹鎮爲第二區白水灘爲第三區每區設區官巡官各一員巡長巡記或一人二人不等巡警人數亦皆不同警察所設於城內縣署西南內設所長一員教練員書記長各一人股員巡長僱員各二人常年經費由地方款項下支銷相沿十餘年人數未見增加區劃亦無變更而內容組織亦皆仍舊迨民國十七年知事張公元俊以地面遼濶居民漸稠設置單簡恐有鞭長莫及之虞因添設四區並前三區共爲七區其新添各區職員與舊有各區職員相同十八年五月又奉處令改警察爲公安由是則全體之組織爲之一變舊警察所改爲公安局內設

局長一員課長勤務員各二人課員四人將各區改爲公安分局各設分局長一人局員一人或分所長一人茲將全境公安現任職員表列於左

撫松縣全境公安現任職員一覽表

職別	姓名	次章	籍貫	出身
公安局長	杜九文	煥章	遼寧義縣	東三省陸軍講武堂及奉天警務學堂畢業
總務課長	陳其忱	壽三	遼寧錦縣	軍官團畢業
行政兼司法課長	辛學文	經武	遼寧臨江縣	遼寧警官講習所傳習所畢業
勤務督察員	呂桂林	香圃	遼寧義縣	行伍
勤務督察員	杜九珍	献廷	遼寧義縣	行伍
總務課員	于維宗	繩武	遼寧通化縣	通化縣初級中學畢業

總務課員	石鑄良	笑峰	遼寧義縣	行伍
行政課員	尹德昇	耀庭	山東日照縣	山東縣立高等小學畢業
司法課員	李甲庭	化東	遼寧莊河縣	莊河縣高等小學畢業
第一區分局長	于維航	濟川	遼寧通化縣	遼寧警官講習所畢業
第二區分局長	崔笑魯	幼農	河北樂亭縣	警察教練所畢業
第三區分局長	溫瑞英	傑忱	遼寧鳳城縣	警察教練分所畢業
第四區分局長	江蘊奇	子男	遼寧寬甸縣	遼寧高等警務學堂畢業
第五區分局長	胡錦堂	金棠	遼寧興京縣	右路巡防隨營學堂畢業
第六區分局長	張培福	佐卿	遼寧柳河縣	遼寧警官講習所畢業
第七區分局長	周振先	玉崑	遼寧撫松縣	遼寧警官講習所畢業
第一區分局局員	岳長久	榮五	遼寧義縣	義縣高等小學畢業

第一區分局局員	宋印久	子卿	遼寧寬甸縣	通化縣高等小學畢業
第一區永安里分所長	時寶鑫	冠三	遼寧撫松縣	軍官教育班畢業
第一區南炮台分所長	胡　永	岳山	遼寧瀋陽縣	行伍
第一區大西門分所長	于平章	平章	遼寧寬甸縣	高等小學畢業
第一區北門分所長	韓光宇	晏臨	遼寧瀋陽縣	省立中學畢業
第一區東門分所長	申天縱	如九	遼寧法庫縣	法庫法立師範及奉天稅務講習所畢業
第一區小南門分所長	葛憲章	憲章	遼寧寬甸縣	撫松縣高等小學畢業
第一區大南門分所長	張玉浩	子波	遼寧鳳城縣	警察教練分所畢業
第二區分局局員	唐文仲	次卿	遼寧臨江縣	警察教練分所畢業
第二區分局局員	王寶勝	鼎臣	河北清河縣	清河縣高等小學畢業
第二區海青鎮分所長	杜凱忱	凱忱	遼寧義縣	行伍

第二區西南岔分所長	王錫忱	錫忱	遼寧輯安縣	行伍
第二區分局局員	李毓謙	益三	山東海陽縣	行伍
第三區分局局員	張德英	仲華	山東日照縣	日照縣立高等小學畢業
第三區貝水灘分所長	鄒禮	升堂	吉林樺甸縣	行伍
第四區分局局員	張守疆	迺理	遼寧海龍縣	行伍
第四區分局局員	李明軒	朝霞	遼寧金縣	警察教練分所畢業
第五區分局局員	趙蘭亭	金山	山東東平縣	行伍
第五區分局局員	高元英	翰卿	山東臨沂縣	臨江縣高等小學業畢
第六區分局局員	閻華圃	華圃	遼寧臨江縣	行伍
第六區分局局員	張育生	鴻春	山東榮城縣	行伍
第七區分局局員	馬紹波	新泉	遼寧撫松縣	撫松縣高等小學校畢業

第七區分局局員 李輔陞 向元 河北寧河縣 行 伍

公安隊

撫松於民國八年創設保圍團繼又改稱保甲用以協助警察緝捕盜賊每奏奇功故地方之治安利賴於保甲者誠非淺鮮常年經費由地方款項下支銷全境保甲共分六區以南門外爲第一區西崗爲第二區東崗爲第三區抽水洞爲第四區北崗爲第五區萬兩河爲第六區保甲事務所設於城內保甲所長以警察所長兼任之更設書記教練員文牘兼會計各一人馬丁夫役各二名每區設區保長一員保長二員書記一員外有甲長甲丁等各若干人及十八年四月奉處令始將團部改組爲遼寧全省公安第三十七大隊其大隊長以公安局長兼任之十八年秋由處派員專任大隊長今將新編職員姓名列如左

遼寧全省公安第三十七大隊現任職員一覽表

職別	姓名	次章	籍貫	出身
大隊長	王永誠	耀卿	遼寧義縣	行伍
大隊附	王金棠	玉亭	河北武橋縣	行伍
文牘員	曹焯	丙熙	湖南長沙縣	長郡中學畢業
會計員	朱紹明	紹明	遼寧義縣	行伍
公安八二中隊長	馬獻忱	英魁	遼寧撫松縣	行伍
公安八三中隊長	施寶勝	冠如	遼寧撫松縣	行伍
公安八四中隊長	牟福榮	秀峰	吉林永吉縣	行伍
八二中隊一分隊長	唐振東	紫月	遼寧輯安縣	行伍
八二中隊二分隊長	于喜水	渭濱	遼寧撫松縣	行伍

八二中隊三分隊長	苑福齡	星五	山東莒縣	行伍
八三中隊一分隊長	滕選東	書府	遼寧撫松縣	行伍
八三中隊二分隊長	顧春山	海峯	遼寧撫松縣	行伍
八三中隊三分隊長	邢書府	墨林	遼寧撫松縣	行伍
八四中隊一分隊長	王華堂	燕賓	遼寧撫松縣	化通縣高等學校畢業
八四中隊二分隊長	王敬賢	敬賢	遼寧鳳城縣	行伍
八四中隊三分隊長	李元德	子陽	遼寧撫松縣	行伍
礮獨立八隊長	李長和	會朋	山東鄆城縣	行伍
八二中隊庶務員	王述善	子和	遼寧撫順縣	行伍
八三中隊庶務員	馬九峯	雲生	北平天津縣	行伍
八四中隊庶務員	李文山	輔臣	遼寧撫松縣	行伍

村政沿革

撫松地處邊遠居戶零星加以地面遼闊並無村落設治迄今計二十餘年在民國三年全境分爲九團及民國十三年劃全縣爲三區自民國十六年張公傑三到任之時鄉間辦事人員名目紛歧浮收中飽苛派花銷時有所聞遂嚴加整頓民國十七年將全縣劃爲七區二十村區設分局長村置村長副取銷董事財政員等名目以期一律村長副由村民選舉縣公署分別委用並發給官賬以免冒濫開銷定期年終將賬交呈縣署審查凡應由人民擔負之花銷遵照省頒兩聯收據辦理民國十八年復奉省令發村制大綱暨各項章則飭即遵照辦理以三百戶以上始能設立一村張公復將全縣劃併爲十六村十九年秋添設漫江村茲將

村名及村長副姓名列表於左

遼寧撫松縣各村村長副一覽表

區別	村名	村長	村副
第一區	馬鹿村	梁玉	張守文
	九才村	鄭富春	王連三
	荒溝村	李萬金	蕭克齡
	珠寶村	董九德	劉長珍
第二區	松樹村	曹文治	李廷海
			王德倫
	海青村	孫登科	張廷林
第三區	萬良村	張財德	苑永泰

	向陽村	張樹林	王福棠
	保安村	李清榮	張錫山
	貝水灘村	張福祥	徐金
第四區	太平村	孟廣義	趙傳德
			王見有
	朝陽村	劉景陽	吳萬才
第五區	普河村	安竹溪	臧寶亭
	立河村	崔福亭	李壽千
第六區	國慶村	衣丕寬	孫家寶
第七區	平安村	李吉辰	劉德奎
	漫江村	羅祥	趙有祥

財賦

撫松在清初爲游獵之地國家徭役之徵永置弗顧洎乎清季宣統二年放荒設治始課租庸惟以地咸沙城民戶極稀故國家歲收爲數甚微地方公欵更入不抵出以致庶政待舉每多仰屋之歎也

稅捐局　撫境稅務向由縣署代收民國六年始設立稅務專局局長趙東生遼陽人徵收一切稅務內設局長會記書記稽查各一人民國八年專局裁撤稅務仍歸縣署代收局長以縣知事兼任之其餘職員與專局同民國十二年又改組稅捐局內設總稽查一人巡查三人僱員四人局長仍以縣知事兼任之相沿至今無何變易

稅捐分卡　民國六年由稅務總局設分卡十八年冬改爲分局於邑西南九十里之松樹鎭即今公安二區管境內設主任僱員巡查各一人十八年冬在邑南四十五里大營添設分局內設主任僱員巡查各一人

國家稅　根據民國十七年度縣署財政統計

租稅　本縣田畝自清宣統二年放荒之後墾熟之地每年升科始著籍册統按沙城計算每晌徵現大洋三角三分民國十七年度計收解庫租賦現大洋一千六百五十元　按法價作奉大洋

契稅　本縣契稅遵民國七年二月財政廳令田房契稅照賣六典四徵收民國八年七月令賣六典四爲永久定額例如賣契白元徵稅六元典契百元徵稅四元民國十七年度計收解庫契稅

奉大洋一萬八千六百三十六元

契紙費　民國七年財政廳令契紙費每張收奉大洋五毛以二角五分解庫以一角爲縣署公費以一角爲發行所經費以五分爲印刷工本民國十五年八月令契紙費每張改收奉大洋六角以二角五分解庫以三角五分解廳爲印刷工本嗣又奉令每張改收現大洋六角本縣民國十四年度計解庫契紙費現大洋一千零五十七元三角二分五厘 按法價作奉大洋

戶管工本　民國七年財政廳令戶管工本每張收奉大洋一元四角五分以八成解庫二成解廳爲印刷工本嗣奉廳令戶管工本每張改收現大洋二元仍以八成解庫二成解廳爲印刷工本本縣民國十七年度計收解庫戶管工本現大洋七千九百八十

五元四角二分五厘

印花稅　按印花稅係於民國元年公佈施行惟向以本縣迭經匪亂未能暢銷近來地面日靖商務日振銷路漸廣民國十七年度計收印花稅現洋二千四百二十四元

縣政府經費 根據民國十七年度計算

廉俸　縣長月支現大洋三百元科長二人第一科長月支現大洋八十元第二科長月支現大洋七十元科員二人月各支現大洋六十元年計共支現大洋六千八百四十元

薪金　僱員七人一等二人月各支現大洋十七元二等五人月各支現大洋十五元年計共支現大洋一千三百零八元

工資　衛目一人月支現大洋十五元衛兵三人月各支現大

洋十二元

辦公費　年計共支現大洋三千五百三十二元

財政局

撫松地方收捐處自民國元年成立公舉收捐委員單兆年經理一切二年秋奉令將收捐處歸併縣署兼辦取銷委員六年奉文仍立地方收捐處公舉收捐委員單兆年辦理九年奉文將收捐處裁撤又歸縣署兼辦十年奉文又設立收捐處復奉文改爲地方公款經理處選舉公款主任程邦泰十二年改選車仁盛爲公款主任經理公款一切事宜至十八年公款經理處改組爲財政局設局長一員局內分兩課每課設課長一員課員一員

財政局職員表

職名	姓名	次章	籍貫	出身
局長	郭恩溥	覃軒	河北樂亭縣	民國七年撫松縣商會成立被選爲特別會董十年縣商會第二次選舉被選爲會長十二年第三次改選當選連任第五次改選被選爲會長計先後充縣商會會長六年
課長	安爲桐	閏生	山東日照縣	民國元年充撫松地方收捐處司事八年充山東惠民縣錢幣交換所副經理九年充山東日照縣地方財政管理處助理員十一年充撫松西崗蔘會文牘員十八年充撫松縣電話局局長
課長	孫鍾鎮	靜安	山東棲霞縣	宣統二年充通化縣署會計科僱員民國四年充撫松縣警察所書記七年充地方收捐處僱員十一年改充徵收兼會計員
課員	翟殿祥	瑞符	山東壽光縣	民國十六年充撫松縣公欵處僱員十八年一月升充助理徵收員
課員	楊繼昌	蓮史	遼寧蓋平縣	民國十二年充撫松地方公欵處僱員十四年兼助理收支員

地方稅根據民國十七年度地方計算

畝捐　本縣畝捐自宣統二年放荒之後即規定所有熟地不分等則每晌徵收現小洋六角七分爲公安教育經費向係縣署代收民國十一年改由公款處徵收本年奉令改公款處爲財政局

本縣應徵熟地共五千晌計徵現小洋三千三百五十元

爬犁捐　本縣道路崎嶇林木繁茂故車輛絕少而車捐尚未施行惟冬令徵收爬犁捐年約奉大洋三千五百元

屠宰捐　全年度共收奉大洋一萬四千三百元

婚書捐　全年銷售婚書共收奉大洋一千四百四十元

妓捐　全年共收奉大洋約二千餘元

地方欵支出　根據民國十七年地方計算

公安俸給　年支奉大洋二萬四千七百零八元

公安隊俸　年支奉大洋四萬七千一百七十二元

公安辦公費　年支奉大洋五千三百十元

公安臨時費　年支奉大洋二萬一千八百元

公安隊辦公費　年支奉大洋四千五百三十元

公安隊臨時費　年支奉大洋三萬四千八百五十元
教育局經費　年支奉大洋一萬三千一百二十元
高級小學校經費　年支奉大洋三萬六千二百五十元
初級小學校經費　年支奉大洋三萬二千四百元
女子初級小學校經費　年支奉大洋一萬二千一百四十元
教育臨時費　年支奉大洋五千五百元
公欵處經費　年支奉大洋三萬零四百七十五元

司法之沿革

本縣於清宣統二年設治司法事宜向由知縣兼理民國成立因設治未久戶口尠少審察所未能成立訟事案件仍以縣知事兼任之迨民國十四年知事高公文璐以居民漸稠訟事漸繁乃請添設承審一員以協助縣知事審理訴訟事宜民國十六年知事張公元俊到任除諸仍舊制外更添設書記員一人檢驗吏一名此撫邑司法沿革之大略也

兼理司法職員姓名表

名稱	姓名	職務	任差年月
縣知事兼理司法	高文璐	監督司法負完全責任	民國十四年二月
縣長兼理司法	張元俊	監督司法負完全責任	十六年一月

承審員	秦鴻慈	辦理司法事務並審理案件	十四年四月
承審員	何世同	辦理司法事務並審理案件	十七年四月
承審員	王宗義	辦理司法事務並審理案件	十九年十月
書記員	張玉泉		十六年二月
書記員	張守信		十七年八月
書記員	張德慶		十七年四月
書記員	姜樹人		十八年四月
檢驗吏	李書銘	檢驗屍傷	十八年二月

舊監獄　撫邑自清宣統二年初設縣治經許公中樞建築縣署時即修監獄一處俱係草房惟時人犯尠少故監獄之佈置極形簡略嗣經粱公改建瓦房居民日稠訟事日繁而人犯亦日多則

監獄之內容自不能不隨時制宜而從事改革亦據近今之設置約畧言之共計舊監瓦房十間以五間處男犯以一間處女犯以二間爲廚房以二間居守兵名曰看守所內設看守長一守兵四外有女看守一院周前方設有木柵欄甚高中立一門題其額曰圜扉此撫邑舊監之大槪也

看守長

姓名	到差年月	委派
李錫三	民國十一年三月	縣知事
高文人	十四年二月	縣知事
梁德川	十六年一月	縣知事
蕭德勝	十六年十二月	縣知事

女看守徐姜氏　十六年二月　縣知事

教養工廠

縣境土地遼闊自設治後他省他縣之民移此就食者日漸增多生齒既繁良莠不等强悍者相率而爲盜賊狡黠者亦恃欺騙以爲生活相習成風後患足慮然懲之太過則有傷人道處之稍寬則曷以安良善萬全之策教養爲先此教養工廠所由設也該廠於民國十七年十二月奉令開辦民國十八年一月一日正式成立暫租民房十間全地面積一百六十方丈現擬籌款在城東南隅重新修築以期發展所租民房十間辦公佔用一間工作佔用三間看守警二間犯人佔用四間基本金奉大洋二萬元由地方公欵項下借墊原設科目爲木科縫紉兩科將來擬添設印刷染織漿洗等科全年入欵縫紉科約在奉大洋二萬餘元木科約在

奉大洋八千餘元總計全年入欵約二萬八千餘元全年經費支出預算奉大洋三萬四千六百餘元藝徒無業游民十五名按其資質撥於縫紉科八名木科七名由技師依時督催學習該廠藝徒除工作時間外每日早晚由看守警監視在院内散步以期舒暢腦筋流通血脉工作室内並懸掛古聖先賢及近代偉人像片格言俾藝徒有所感悟以期改過自新凡入廠習藝各犯亦視同黎庶待遇和平僅以不能潛逃爲已營業辦法擬具計劃書分别列後

一縫紉科　查縫紉爲普通工業之一製衣爲必要之需本廠先設縫紉一科酌用技師一人機器三架即於收容游民中擇年力富强者八人爲練習藝徒現共有師徒九人做軍警學各界

軍衣制服惟創辦伊始程度尚未完善日就月將不難達到美滿之目的

一木科　木科爲搆造要素用處頗多籌設不容稍緩本廠揀擇體格强健之游民七人練習木科並用技師一人工匠二人先爲教導務使藝徒養成新巧技能爲主旨緣縣境木工木器向皆笨拙每年由外進入木器爲數甚夥將來辦理有效必獲厚利云

甲工作部各科工做室內光線力求適宜並揭懸古聖先賢偉人遺像格言以表示其儀容道德俾該藝徒等有所觀感以期改過自新

乙管理部凡入廠內服務各藝徒均以同仁視之和平待遇毫

無苛刻以藝徒勞而不怨是心努力爲宗旨

丙經濟部本廠開辦時暫由地方公款項下撥借奉大洋二萬元將來常年經費擬由營業作正開支並由廠長督同庶務員按月造報以期核實而杜弊端

丁營業部本廠製造一切物品均歸營業部經理出入款項由庶務員負責以清權限而免混淆

戊訓育部凡廠內藝徒除工作時間外並由廠長文牘隨時講演規勸以期化莠爲良

一未來之計劃　本廠先設木科縫級两科現在積極進行預定一年後發達之際再行擴添印刷織染漿洗並粗重工作各科以期發展

撫松縣教養工廠歷現任職員一覽表

職別	姓名	次章	籍貫	到廠年月
前廠長	李席珍	聘之	遼寧鐵嶺	十八年一月
廠長	車仁盛	全洲	山東海陽	十八年九月
文牘會計	閻明軒	華堂	山東日照	十九年三月
庶務員	車啟榮	華亭	山東海陽	十九年三月
看守長	房守仁	禮臣	山東莒縣	十九年六月
縫紉技師	高希閣	木九	遼寧遼陽	十九年九月
縄科技師	吳林仁	玉書	遼寧海城	十九年十月

防軍

撫松自設治之時即有駐防軍隊初名巡防繼又改爲陸軍調換駐扎來去無定國家有事則全隊開去而境內空虛且軍紀多不嚴肅士卒多不用命故雖名爲捕盜實則無益於民此本縣電請添警察設保甲之原因也迨民國十五年匪亂之後鑒於盜賊充斥非少數警甲所能防禦民國十七年十月復請准由省派到陸軍第二團第一營第三連一連駐防於縣城北門外即今之防軍也軍中紀律較前各軍爲嚴與警甲協力剿匪以維治安

軍隊防所　在縣城北門外分東西兩院西院係縣署舊址原有草房正廂各三間民國七年暫編陸軍來撫駐防因房間不敷增修西廂三間十四年團長邵仲三接修西廂八間並增建門房十五間計三十二間即今縣立師範講習科及第六小學校在焉東院原係農業試驗塲於十一年經團長趙貢九因設團部房間不敷嗣經商會建築正房九間東廂七間西廂七間門房七間十四年團長邵仲三接修東廂二間西廂二間門房八間計四十二間即今陸軍四十七團一營三連在焉

歷任駐防軍官表

職名	姓名	次章	籍貫	到任年月
右路巡防步四營哨官	鄭連凱	捷臣	義縣	清宣統二年
仝上	董國華	桓章	遼陽	民國元年
仝上	張振邦	仲元	山東黃縣	民國元年
仝上	姜起武	耀德	山東	民國二年
仝上	哈振山	雲峰	河間	民國三年
仝上	姜起武	耀德	山東	民國四年
仝上	關明啟	耀東	鳳城	民國五年
暫編陸軍營長	羅振邦	協忱	安徽	民國七年
右路巡防步四營哨官	關明啟	耀東	鳳城	民國八年

第五旅二營營副官	龐連城	曾閣	黑山	民國八年
第五旅二團團長	趙芷香	貢九	遼中	民國十年
山林隊二營營長	趙德喜	佐卿	通化	民國十二年
第七旅五十八團二營營長	湯玉銘	子新	熱河阜新	民國十三年五月
第七旅三十五團團長	邵連勝	仲三	直隸寧河	民國十四年五月
第四十七團一營二連連長	許樹恩	桐軒	東豐	民國十七年七月
第四十七團二營營長	陳意	豁然	義縣	民國十七年十月
第四十七團一營三連連長	孫鳳殿	恩亭	山東無棣	民國十八年一月
第三團二營五連連長	陳海山	仙五	遼寧北鎮	民國十九年五月

商團

本縣商團於民國八年爲保護市面發達商業起見乃招集全體會員開公共會議組織商團一隊由會中撥欵購買槍枝募集團丁四十名內設隊長一員書記一員什長四名分駐於衝衢要隘之處以維持街防之治安而補助警甲之不逮其常年經費約需奉大洋五萬八千六百餘元俱由商捐項下支銷團內一切事宜以商會會長兼理之

電報

本縣於民國十四年冬添設電報局設備均極簡單內設局長一員工頭差役若干人在十街南路西門房三間爲辦公地點初設時電件無多今者人事漸繁電件亦遂增加矣

歷任局長一覽表

姓名	次章	籍貫	到差年月
錢桂芬	季蟾	江蘇蕪縣	十四年十二月
朱家楨	林生	江蘇武進	十五年五月
劉樹霖	慰農	京兆永淸	十六年十一月

電話

本縣電話局於民國十一年一月一日以公欵處創辦成立先後約需小洋八萬餘元所有局中話機多係日式內設局長一員局員若干局長由地方公舉其初創辦者關明啓彼時局中話匣僅十二架及後逐漸增加今已增至四十餘架將來之進步可預期也

歷任局長一覽表

姓名	次章	籍貫	到差年月
關明啟	耀東	鳳城	民國十一年一月
李席珍	聘之	鐵嶺	民國十四年八月
畢明文	煥章	鐵嶺	民國十六年三月

關明啟	耀東	鳳	城	民國十六年十一月
安爲桐	閏生	山	東	民國十八年八月
張守信	立民	撫	松	民國十八年冬

郵政

本縣於民國四年十一月十日由郵務管理總局添設三等分局內設局長一員信差一名郵差二名在東門裡路北租用民房三間爲辦公地點近因商民增多郵務較繁交通堪稱靈便云

歷任局長一覽表

姓名	次章	籍貫	到差年月
趙金鑑		濛陽	民國四年十一月
張樹之		濛陽	民國六年十月
王殿忠		開原	民國七年十一月
佟壯劍		濛陽	民國十年八月
高元璧		遼陽	民國十三年九月

劉成惠	敬之	瀋陽	民國十六年三月
馬華三	耀東	鐵嶺	民國十七年八月

硝磺局

自民國六年九月曾設立一次局長李聘清嗣於民國十四年春復設立民國十五年裁撤查撫松所銷硝磺爲數無多實無設立專局之必要若設專局未免虛靡官款近由通化硝磺局不時派員前來調查以免偷漏而重徵收

隄工

撫松縣城位於松花江松香河二水會流之東岸彈丸一域地勢底下水繞三面山障一隅城基周圍依山臨水近在咫尺曩者草萊未闢水流阻塞故其爲勢也緩其爲害也亦淺近年亦來墾戶日增荒山漸開水道通利則水流湍急而縣城地基漸見侵削日復一日伊於胡底若不未雨綢繆設巨隄以防禦一旦江流驟漲河水暴發恐全城盡變爲澤國矣張公元俊招集地方𧶘商農學各會及各紳士等會議建修江隄辦法衆皆欣然樂從遂協同各會長等實地勘驗擬先由縣城南門外建修江壩一道長約二里估計需款甚鉅本邑地居偏僻設治未久商民稀少無力負担張公請准由省庫撥欵一半餘由地方籌措并組織隄工委員會派

紳董李長勝爲監工委員從事修築茲附江壩草圖暨簡章於左

修築江壩委員會簡章

第一條　本會以修築撫松縣松花江松香河壩防水爲宗旨

第二條　本會以縣長爲會長以各界會長爲會員由會員内推舉一人由縣長加委爲監工委員

第三條　縣長指揮各會員進行築壩一切事宜各會員分擔勘驗壩線調查地勢監視工程經理欵項各項事宜

第四條　本壩先由縣城南門外修築長約二里次第建修惟壩線既經共同勘定繪圖後不論何人不准擅請遷移

第五條　壩身高低因地制宜以寬一丈五尺高一丈爲度

第六條　本壩用純石築修並遍栽柳樹以期鞏固

第七條　本會預算工料約需現大洋八千餘元呈准由省庫撥

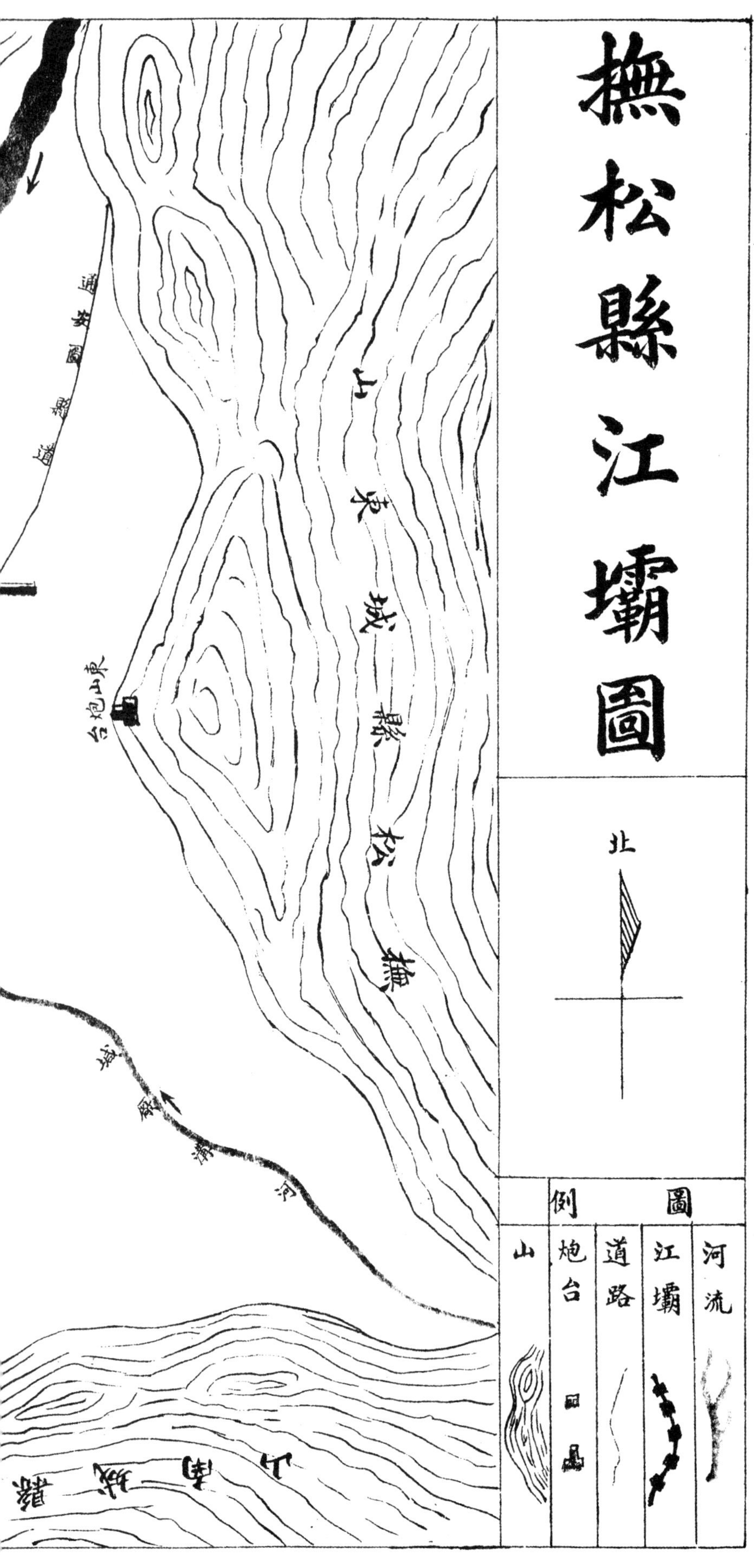
撫松縣江壩圖
北
圖例
河流
江壩
道路
炮台
山
撫松縣城東山
東山炮台

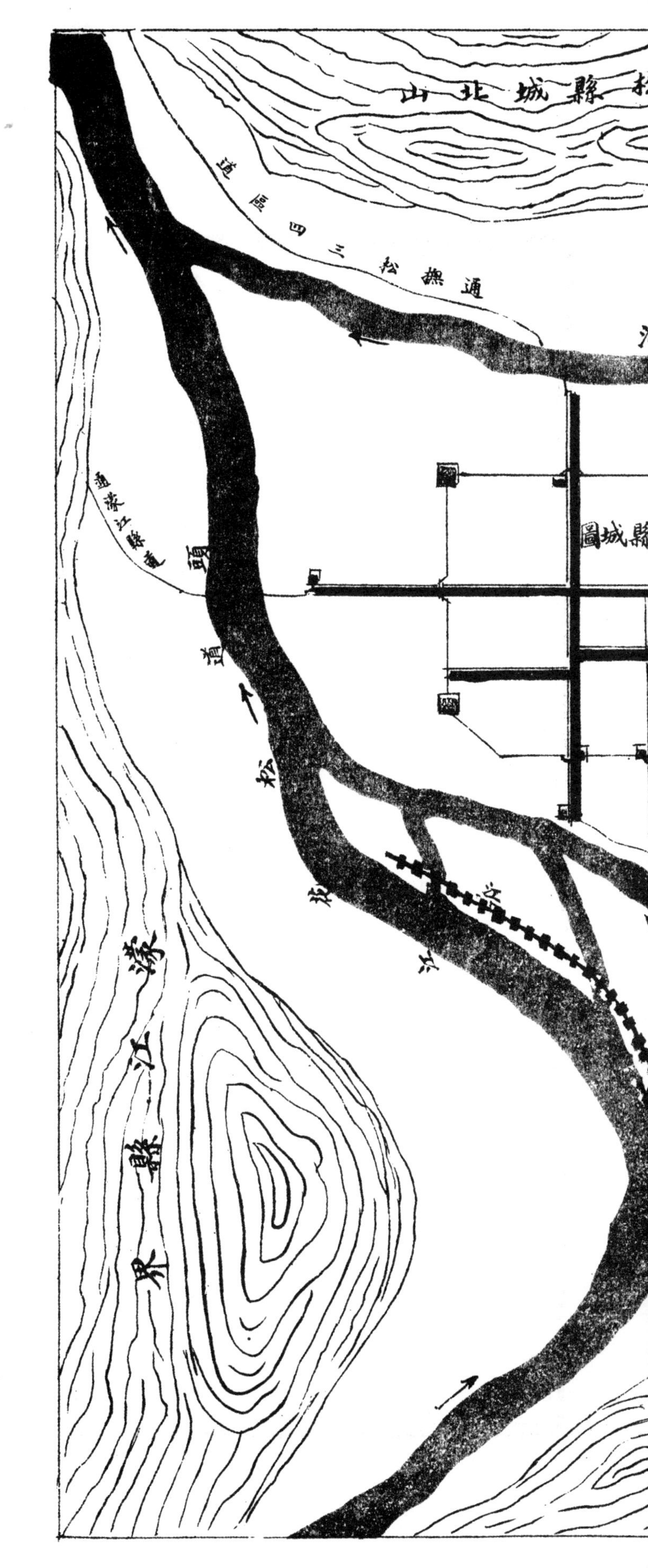

縣城北山
通撫松三四區道
縣城圖
通濛江縣道
濛江縣界

發一半地方自行籌措一半松香河壩需款不在此限

第八條 自行籌措之經費由地方商民負擔籌欵方法另定之

第九條 本壩由十八年五月一日動工定六個月完全築成

第十條 本壩築成後每年春季由縣城各商農戶出工補修一次並補栽柳樹以期鞏固

第十一條 本簡章如有未盡事宜隨時招集會員修正之

人事

我國自黃帝迄今凡四千餘年國內之種族互有盛衰而人事亦因之屢變自海禁大開五洲互市而種族之說以起人口之數亦日漸增多我國人口繁衍爲世界各國冠人口愈多生計日促於是乃各擇一業盡力經營以維持其個人之生活爭謀工商業之發展十九世紀之後我國工商各業日見振興而物質亦日進文明人民亦知努力講求以與世界各國相競爭惟晚近以來人心不古狡詐成風非嚴刑峻法所能盡懲必賴有禮教以範圍其身心用補法律之不足然撫松地處邊遠草萊初闢直魯難民雖有來此墾荒者戶口終屬寥寥以致凡百事業均未見振興斯不能不希冀後之來者知所取舍共相奮勉與世人相競爭謀個人之

生存圖國家之强勝焉

民族

撫松僻處遼寧東邊昔屬吉林濛江州實歸韓邊外管轄清宣統二年春劃歸奉天始放荒設治人民多無室家皆以圍獵爲生以山東人爲最多直隸次之迨民元以後人民移來墾荒者日見增加總以山東人佔多數直隸本省人次之年來戶籍日繁土地日闢茲將調查所得之數目比較如左

漢族占全縣民族百分之八十八强

滿族占全縣民族百分之十

回族占全縣民族百分之二

匪亂

原因　撫松未設治之先屬吉林濛江洲居民家家韓邊外管轄彼時無官治由人民推舉會首凡事均聽會首裁决俗呼大房子會首爲當家的獲匪自由處之一時盜賊頗爲歛迹迨設治以後外省移來人民日多捐搶之事時有所聞雖有官治無如兵力單薄此擊彼竄此匪亂之原因一也撫松地面遼闊森林遍野易於潛藏此匪亂之原因二也撫松地處邊陲距省寫遠內地人民因犯有刑事處分者均以此爲逋逃藪一人號召從者頗衆此匪亂之原因三也有此三大原因撫松遂有二次破城之慘劇殊可悲也

事實　民國三年陰歷六月初二日匪首劉大個子率領夥匪二

百餘名於平明時候自東山而下分爲三股一股撲防營各
據一地相持不下一股撲巡警局警兵人數單薄無力抵禦
逃過江西一股撲縣署知事湯公信臣時在廳事親自持槍
攻擊卒以寡不敵衆遇害死城既破胡匪恣意姦搶燒殺慘
不忍聞延至初三日午刻始呼嘯而去商民被掠一空出城
之時綁去人票四十餘名行十餘里由商民措洋三仟餘元
始得贖回民國十五年陰歷十一月十四日匪首占九洲鐵
雷等率領夥匪三百餘人黎明時候順江而下將至城分爲
三股一股自西南城角而入直奔警所蜂擁而入劉所長奮
勇向前持槍攻擊以人數單薄卒被其擄一股自南門而入
直奔縣署破障而入時監督高公文璐聞警避於商會家眷

匪於民家幸無損傷監獄釋放一空卷册焚燒殆盡所有款項亦搶掠無餘孫科長被擄一股自西門入以禦北營胡匪遂得任意猖獗毫無畏懼姦殺搶掠不堪言狀延至十六日晚十二句鐘始出城而去當將警甲所劉所長縣署孫科長均行綁去並綁去教員二名學生十一名商人十九名甫過江西槍殺學生一名商人二名胡匪入城時擊死隊長巡長各一名甲長二名兵二名商民三名出城後婦女因受驚而死者四十餘人商民損失較之民國三年之損失爲尤酷矣

善後 縣城被匪攻破高公因是去職繼任者爲張公傑三受事後見商民輟業滿目瘡痍遂與紳商籌辦善後事宜出示安

民招歸逃戶一面勸令商家照舊開市無如殘破之餘兵不
聽命良莠不分盜賊徧地乘機思逞張公嚴督警甲星夜剿
捕復將舊有土城大加修葺樹以木柵於四週增築堅固礮
台駐以精兵藉資防禦復曉諭各警甲官兵等有能斬獲盜
匪者受上賞於是兵乃用命民得安居商務亦漸復原狀張
公爲防患未然計每夜必率隊親巡關卡俾免疏虞不二年
間斬獲盜匪無數獲槍二百餘支盜匪絕跡墾戶日見增多
商務日見起色四民樂業相慶以安也

戶口

民三以前因匪亂卷檔被毀戶口之數無從稽考厥後復因荒旱連年居民尠少亦無詳確調查至民國十五年又因胡匪破城所有卷宗焚燬殆盡戶口一項亦無從考查民國十六年春戶口之數又復寥寥一因胡匪攪擾不得安居一因地處邊陲交通不便自十六年冬戶口驟增此後既無胡匪商民自當接踵而至逐歲增加不復似昔日之荒烟蔓草野無居人矣今就十九年春各區警察調查所得之數分別列表如左

區別	戶數	男丁	女口	男女合計
第一區	三千九百七十八	一萬三千二百八十三	七千九百八十五	二萬一千二百六十八
第二區	八百六十二	三千二百二十四	一千七百八十六	五千零零二

第三區	一千五百零六	六千三百一十七	三千三百九十七	九千七百一十四
第四區	一千零五十七	三千一百零六	二千零五十三	五千一百五十九
第五區	五百三十二	一千七百四十八	六百九十八	二千四百四十六
第六區	三百七十六	一千七百一十	四百六十八	二千一百七十八
第七區	一百六十	八百九十五	一百七十三	一千零六十八
總計	八千四百七十一	三萬六千五百五十六	一萬六千五百五十六	四萬六千八百三十五

農業

農會　民國十三年知事劉天成以本邑設治已久農業不興實由農產無人提倡改良農民疾苦無可告語遂提議組織農會通知城鄉紳董定期開會選舉會長票選結果車仁盛被選爲正會長李長勝爲副會長農會於是成立由縣發鈐記一顆文曰撫松縣農會鈐記嗣於十六年夏改選史春泰爲正會長徐肇業爲副會長會址設於小南門裡路東亦頗適中

農事　撫松林荒初闢農事簡單被傭者分爲三種一先支工資二倒楂三秋收分粮謂之靑戶俗稱榜靑蓋不預支工資秋成始能分粮謂之靑分每人可種地四五十畝每人年可餘

奉票小洋四五仟元先支工資者言明一年工資若干預先交付倒楂者倒如某甲開墾某乙之荒所有農具食粮均由某乙供給此一年所出之糧完全歸甲獨有以酬其開墾之勞如來年某甲仍欲耕種則須與某乙另行商訂計畝論租矣又有墾荒者例如某甲有荒若干招某乙開墾所有蓋房農具食糧會款均由乙自行預備甲給予乙七年或八年之年限在此年限之內不納租粮迨年限既滿始行論租或由甲另行招佃按以上數者比較若從勞工方面着想以墾荒較靑分倒楂爲便宜撫松地處邊陲氣候微寒耕種稍晚至土宜之辨别施肥之講求及防病防蟲諸法尚待研究而剷除助之事亦屬簡略茲將農事分述如左

立春　租兌田地
雨水　長工青戶就傭開始工作
驚蟄　修耒耜
春分　修耒耜
清明　種菜蔬
穀雨　種大小麥
立夏　播種五穀
小滿　補種雜粮
芒種　補種豆子
夏至　芸田
小暑　芸田

大暑　掛鋤刈草
立秋　掛鋤刈草
處暑　刈麻漚麻晒菌蕈
白露　種葱三崗做稄謂之開鍋
秋分　百穀皆熟禾稼收穫三崗稄戶栽稄
寒露　穀盡登場
霜降　拾蘑菇醃菜
立冬　碾穀儲倉
小雪　獵取皮張樵柴工滿分粮
大雪　獵取皮張納租賦盖藏禦冬
冬至　獵取皮張納租賦盖藏禦冬

小寒　納租賦盖藏禦冬

大寒　決算贏絀迎歲

農產　本邑農產五穀咸備惟以天時土宜之關係其各類種植之多少及產量之約數不無出入茲據十六年秋季之盡量調查列表如左

類別	播種畝數	每畝平均產量	總產額
高糧	一六九九〇〇畝	四斗	六七九六〇石
穀子	一〇三〇〇〇	四	四一二〇〇
糜子	四六〇〇〇	四	一七四〇〇
玉蜀黍	四五〇〇〇	五	二二五〇〇
稷子	三九九〇〇	四	一五九六〇

元豆	三七〇〇〇	三	一一一〇〇
吉豆	五九〇〇	二	一一八〇
小豆	五七〇〇	三	一七一〇
豇豆	五二〇〇	三	一五六〇
稗子	五二〇〇	七	三六四〇
精子	五二〇〇	二	一〇四〇
大麻	四九〇〇	三	一四七〇
線麻	四八〇〇	三	一四四〇
蘇子	四七〇〇	三	一四一〇
大麥	三九〇〇	五	一九五〇
小麥	三八〇〇	三	一一四〇

蕎麥	三五○○	四	一四○
黄煙	三二○	八十斤	二五六○○○斤
芝麻	三二○	二	六四○
合計	五○○○○○		一九四七○○石

商業

商務　撫松自淸宣統二年設治後漸有商舖僅有米鹽棉布之供給耳乃民國三年復經匪亂舉其所有盡成刼灰亂定後商民亦漸來歸商舖逐漸開設商務日見起色至民國十五年冬復受胡匪破城之浩刼商民被搶一空遂均停止營業至張公傑三履任後由官銀號貸款維持始漸復原狀未及二載商號林立日見發達矣

商會　民國二年由張錫等提議組織商會未經立案徒有其名民國七年由各商家重行組織公舉信義長經理劉鵬爲正會長福源祥執事趙君祥爲副會長民國九年由縣轉請備案刊發鈐記文曰奉天撫松縣商會鈐記復經改選仍舉劉

鵬爲正會長福盛祥郭恩溥爲副會長商會規模始漸完備十一年改選仍公舉劉鵬爲正會長郭恩溥副之十三年改選同合祥執事劉凌雲爲正會長義合東董明中爲副會長十五年改選裕盛泉執事李明祥爲正會長天成永執事張萬程爲副會長十七年改選福盛祥執事郭恩溥爲正會長公益當經理劉鵬爲副會長規模亦頗完備會務亦見起色矣會址設於小南門裡路東

幣制 根據十六年調查

銅圓 有單雙兩種爲省內外所通行惟兌換之價漲落不一每十枚兌小洋一角每百枚兌小洋一圓

現洋 市面亦不多見欲行兌換頗爲困難價値亦無一定

奉票　係東三省官銀號所發行之滙兌劵爲市面所流通者每六十元始能兌換現洋一元市面通行均以奉票爲主幣

吉帖　撫松與吉林省接壤在數年前市面通行者以吉帖爲多吉帖者即吉林永衡官銀號所發行之滙帖也年來地面與盛省幣輸入日多吉帖之數銳減且以省幣兌吉帖其價值漲落不定商家恐受虧賠故對於吉帖皆隨時推行無存儲者

度量衡

度

本縣木工起造及官署量丈地畝皆適用前清工部營造尺雜貨商量窄面布疋及綢緞適用裁尺每尺與營造長一寸蓋邑屬邊荒商家尺量較省爲小藉以獲利也

量　本縣斗量較省城爲大有二種一爲大斗一爲小斗凡租種地畝必事先言明係大斗租或小斗租大斗每斗核五十斤小斗每斗核三十三斤市面買賣粮米多半適用大斗小斗僅鄉間有用之者

衡　本縣所用之稱亦較省城爲小故每觔名爲十六兩其實則止十五兩但以沿用已久民俗相安亦未究正本縣復有一種慣例購買山貨時每觔須外加二兩五錢則一觔即爲十八兩五錢矣

輸出表

民國十八年度八月調查

種類	數目	價額	總計
元豆	一五、〇三〇石	每石九、〇〇元	九五、二七〇元
豆餅	一、五五〇片	一、二〇	一、八六〇元
豆油	五、〇〇〇觔	、二〇	一、〇〇〇元
山蔘	二、八三四兩	八、〇〇	二二、六七二元
園蔘	三七八、三八〇斤	、八〇	三〇二、七〇四元
鹿茸	二〇架	一〇〇、〇〇	二、〇〇〇元
鹿胎	一五付	五〇、〇〇	七五〇元
貂皮	一〇張	一〇〇、〇〇	一、〇〇〇元
線麻	二六一、八八二斤	每斤〇、一五	三九、二八二〇〇元

水獺	一〇張	每張五〇、〇〇	五〇〇元
灰鼠皮	六〇〇張	每張、四〇	二四〇元
元皮	二、六〇〇張	每張六元	一五、六〇〇元
狐狸皮	一五張	每張二〇、〇〇	三〇〇元
元蘑	二五六、六一八	每斤〇、一五	三八、四九三元
木耳	三、四〇〇斤	每斤一、〇〇	三、四〇〇元
黃芪	五〇〇〇斤	每斤、一八	五〇〇元
貝母	五、五〇〇斤	每斤二、八〇	一五、四〇〇元
木料	五〇〇〇根	每根一、五〇	七、五〇〇元
天鷄	一五〇〇〇個	每個、〇二	三〇〇元

輸入表 十八年十月調查

種類	數目	價額	總計
花其布	二三四四疋	每疋一三、○○○	三○、四七二元
毛洋布	一、九○疋	每疋一二、○○	一七、八八○元
漂市布	一、九八○疋	每疋一三、○○	二五、七四○元
坎布	八○○疋	每疋一三、○○	一○、四○○元
大尺布	二、四五○疋	每疋九、○○	二二、○五○元
洋連布	一、三二○疋	每疋一一、○○	一四、五二○元
淸水布	一、三○○疋	每疋八、○○	一○、四○○元
太西緞	五○疋	每疋二○、○○	一、○○○元
洋線	二二、○八○斤	每斤一、二○	二六、四九六元

寗紬	五疋	每疋六〇、〇〇	三〇〇元
庫緞	四疋	一四〇、〇〇	五六〇元
串紬	二一疋	六〇、〇〇	一、二六〇元
大紬	一九疋	一一〇、〇〇	二、〇九〇元
煤油	八、五〇〇箱	每箱一二、〇〇	一〇二、〇〇〇元
洋面	二〇〇袋	每袋四、八〇	九六〇元
白糖	三、一八〇〇斤	、二〇	六、三六〇元
紅糖	三、八〇〇斤	、一〇	三八〇元
冰糖	一二、八〇〇斤	〇、三〇	三、八四〇元
洋毯	八五〇條	每條四、二〇	三、五七〇元
洋軸線	一〇〇羅	八、〇〇	八〇〇元

夏布	二〇〇尺	每尺 、五〇	一〇〇元
棉花	一一、四〇〇斤	每斤 〇、六〇	六、八四〇元
海菜	一〇〇斤	每斤 一、二〇	一二〇元
豆粉	二一、二〇〇斤	每斤 二角	四、二四〇元
紅棗	一、三〇〇斤	、〇六	七八元
甲紙	一二〇簍	五、〇〇	六〇〇元
海紙	一三〇塊	四、〇〇	五二〇元
元紙	一〇〇〇疋	、二〇	二〇〇元
窩紙	三〇〇疋		二、四〇〇元
老葉煙	三〇箱		一五〇元
金銀箔	五〇、〇〇〇塊	每塊 、一〇	五、〇〇〇元

白礬	八袋	四、〇〇	三二元
川連紙	五〇扣	五、〇〇	二五〇元
毛邊紙	一五〇疋	六、〇〇	九〇〇元
圖畫紙	五〇〇疋	、一〇	五〇元
手工紙	一、〇〇〇張	、〇五	五〇元
五色紙	一、〇〇〇張	、〇五	五〇元
毛頭紙	八、〇〇〇疋	一元	八、〇〇〇元
白官紙	三〇〇疋	二、〇〇	六〇〇元
報紙	五〇〇斤	、一〇	五〇元
花生	五〇〇斤	五、〇〇	二、五〇〇元
古月	五〇〇斤	六、〇〇	三、〇〇〇元

大料	三〇〇斤	八、〇〇	二、四〇〇元
鮮薑	八〇〇斤	、二〇	一六〇元
青絲菜	五〇〇斤	、二〇	一〇〇元
肥皂	一、五〇〇塊	、五〇	七五〇元
洋火	一二〇箱	八、〇〇	九六〇元
洋蠟	五〇箱	八、〇〇	四〇〇元
洋粉	五〇斤	六、〇〇	三〇〇元
毛巾	二〇、〇〇〇條	、三〇	六、〇〇〇元
烟捲	二五〇、〇〇〇包	二、四〇	六、〇〇〇、〇〇〇〇元
鮮菓	五〇、〇〇〇斤	、三〇	一、五〇〇元
洋酒	八〇〇	一、〇〇	八〇〇元

商號表 由民國元年至十八年

商別	元	二	三	四	五	六	七	八	九	十	十一	十二	十三	十四	十五	十六	十七	十八
	曆年比較增減家數目																	
雜貨商	五	一〇	一四	一四	一五	一五	一五	一八	一八	一八	一八	一九	二〇	二〇	二一	三〇	三五	七五
鐵爐		一	一	一	一	一	一	一	二	二	二	二	二	二	三	三	三	三
燒鍋		一	一	一	二	二	二	二	二	二	二	二	二	三	三	四	四	六
油坊		一	一	二	二	二	二	二	二	二	二	二	二	四	五	五	六	八
毡店						一	一	一	一	一	一	一	一	一	二	二	二	二
山貨莊	二	三	三	三	四	四	五	五	五	五	五	五	六	六	六	六	六	六
成衣局			一	二	二	二	三	三	三	三	三	三	三	三	三	三	四	八
藥店	一	一	一	二	二	二	二	三	三	四	四	一四	一五	一五	一六	一六	一六	一六
粉房							一	二	二	二	二	二	二	二	二	二	二	四

棧店	糧棧	書局	木舖	染房	棉花工廠	糧米舖	銀匠舖	飯館	鏵爐	面舖
										一
										一
										二
一			一							三
一	一		一							三
一	一		一							四
一	一		一							六
二	一	一	一				一		一	七
二	一	一	二				一		一	八
二	一	一	二				二		一	九
三	二	一	二				二	一	一	一〇
三	二	一	二				二	一	一	一一
三	二	一	二	一		一	二	一	一	一二
四	二	一	三	一	二	一	二	一	一	一三
四	二	一	四	一	二	一	二	二	二	一四
五	二	一	五	一	二	二	二	二	二	一五
五	三	一	五	一	二	二	二	三〇	二	一五
五	三	一	六	一	二	二	四	一〇	二	一五

皮鋪	鞋鋪	澡塘
	一	一
	三	一
一	三	一
二	五	一
二	五	一
三	七	一
三	七	一
四	七	一
五	八	一
六	八	一
六	八	一
七	八	一
八	八	一
八	八	一
九	九	一
一〇	九	一
一〇	九	一

蔘業

蔘有園野之別由人力栽培者謂之園蔘天然產於山野者謂之山蔘又謂大山蔘老山蔘等名爲多年生植物有數十年數百年或千年者故爲關東三寶之一也掌狀複葉輪生花小白色六月間花落結實洛謂人蔘果又謂棒槌花色紅奪目放山者於此時期因謂之跑紅頭大者成两即爲最佳品普通者二四三五錢六八七九錢即爲佳品二三兩者實所罕見至七八兩者百年不遇且論姿勢之優劣不論分量之輕重所謂緊皮細紋馬牙露蘆疸鬚是也其姿勢有跨海牛尾龍形人形其名稱有散花五個葉二甲子（亦謂燈台子）四批葉五批葉六批葉之分撫松地處邊陲山深林密出產頗多所以一班人結隊成羣入山求之謂之挖棒槌亦

謂之放山從前放山者或五人十人一起持木桿曰棱撥落根盖用以覓蓡者得蓡包於樹皮內謂蓡包在山裡修一樹皮房子朝出暮歸食宿止焉自陰歷四月入山謂之放芽草市五月謂之放青草市六月花正開謂之跑紅頭七月花落謂之放韮菜花（亦名刷帚市） 韭菜花過即到開秤時期當白露前二十天所有放山者將所得山蓡包子均帶至集鎮寄放一定處所公舉一人爲經濟掌秤迨放山者均到齊之日則宰猪設席抽煙賭錢然後開秤打包由掌秤者定貨物之優劣評價值之多寡始可出賣否則不准買賣過白露扣秤（即不買不賣之意）園蓡狀如山蓡同由培植者於白露時播種明年出土則覆以木板過二年則移植他畦普通移三次即可做貨每年做貨在白露節謂之開鍋將蓡由

池挖出僱人洗刷謂之刷水子俗謂婦女刷水子出貨色氣較好

又謂人蓡屬陽婦女屬陰陰陽相生故色氣較好亦趣談也其實

婦女性體溫柔耐煩做活精細使然耳茲將園蓡製作名稱分述

如左

一冲蓡　由園蓡內揀選姿勢佳者接以露頭鬚條精製與大山

等佳者可冲山蓡故曰冲蓡

一洋蓡　又名大力蓡揀選枝頭大者將鬚去掉刮去外皮然後

置於籠屜蒸熟取出曝乾爲園蓡上品

一白乾　將園蓡剝去鬚條刮去外皮曬乾之即爲白乾

一生曬　俗名泥打滾將園蓡由畦中挖出連泥曬乾不加製造

故曰生曬

一紅貨　即紅蔘將蔘刷洗潔淨剝去鬚子加白矾氷糖置籠屜

蒸熟炕乾之即爲紅貨

一糖蔘　將蔘帶鬚刷淨置釜中煮熟之用鍼徧札多孔後將氷

糖鎔化之置其中以灌飽糖漿爲度取出曬乾裝置木

匣可爲餽贈之品

撫松地處邊遠原無居人出產野蔘極多嗣後外來之人漸有進

山採掘野蔘名曰放山並得領票事在二百年前後採者愈多出

產日少始仿照吉林敦化辦法栽種園蔘初營園蔘營業者均爲

勞動界人並無資本家出產極少賣價亦廉每年所獲之利僅可

維持其蔘園之生活至前清末葉仍無起色迨民國二三年始略

見發展價亦較昂因欲維持蔘業於民國三年成立蔘會經由公

升堂呈請立案惟栽種園蔘者均散在縣屬東西北三崗東崗在縣東距城八十里西崗在縣東南距城亦八十里北崗在縣東北距城五十里各崗皆有分會並各有正副會長總會設在縣城建有固定會址瓦房十五間規模極爲完備三崗蔘戶以北崗爲最多東崗次之西崗又次之所產之蔘亦以北崗爲最佳三崗營蔘園營業共七百四十餘家年可出蔘二十八萬斤每斤能值爐銀五六兩出產額約佔全國十分之七總銷營口分銷全球實爲我國特別之出產若能加意研究栽種方法自不難日見發展第一任會長爲鄭繼先副會長爲單鳳庭茲將歷任會長列表如左

調查蔘會會長及三崗分會會長表

姓名	正副會長	年月
鄭繼先	正會長	民國三年
單鳳庭	副會長	民國三年
安茂林	正會長	民國八年
楊景山	副會長	民國八年
安茂林	正會長	民國十二年
崔其發	副會長	民國十二年
東崗		
張鵬頡	正會長	民國三年
王培之	副會長	民國三年
陳同生	正會長	民國十二年

薛德昌	副會長	民國十二年
牟全令	正會長	民國十三年
丁汝愛	副會長	民國十三年
冷少德	正會長	民國十四年
高任凱	副會長	民國十四年
孫肇昌	正會長	民國十五年
于本林	副會長	民國十五年
孫作文	正會長	民國十七年
于本林	副會長	民國十七年
西崗		
鄭繼先	正會長	民國三年

馮玉福	副會長	民國三年
馮玉福	正會長	民國七年
張連淸	副會長	民國七年
劉順廣	正會長	民國十年
李緒長	副會長	民國十年
尙振良	正會長	民國十一年
馮玉福	副會長	民國十一年
矯奎棠	正會長	民國十七年
李紀臣	副會長	民國十七年
北崗		
安茂林	正會長	民國三年

楊景山	副會長	民國三年
安茂林	正會長	民國十六年
王洪奎	副會長	民國十六年
安茂林	正會長	民國十七年
崔其發	副會長	民國十七年

漁獵

撫松地處長白山西麓松花江上游向爲人跡罕到之區森林滿野河水横流不惟飛禽走獸到處皆是而水產亦較他處豐富實因數百年來内無居人故生物得暢遂於其間也設治以前有人跡自漁獵始嗣因漁獵各戶稍集遂漸開闢迨有清宣統年間始行設治二十年來縣城附近人煙漸稠闢草萊墾土地飛潛動植亦因而銳減其距城較遠之處以漁獵爲生者仍復不少縣屬漫江及白山泊子一帶尚有獵戶散居其間四十餘戶而漫江緊江及頭二道松花江並松香河之兩岸住戶亦多以漁爲生而獵戶以樹皮木材苫蓋房屋高不過七八尺可居一二人俗名搶子亦名蹚子窩棚有百年以上之戶俗稱其人曰老東狗子食物以魚

獸各肉爲大宗間食小米子均由百里外背負而來生計極稱簡單各戶互訂界限不得攙越如原戶他徙即將所居木房地點出兌於新戶繼續營業情與上古游牧時代相同且迷信山神木房之東均立山神廟俗稱老爺府四時香煙不絕祈禱之事日日有之此種漁獵生活亦撫松居民之特性也茲將其所用器具及其所得生物漁獵時期分別述之如左

一漁戶器具

亮子　釣鈎　旋網　魚炮　艣艭

二水産種類

鯉魚　細鱗　白魚　粘魚　重唇　鱓魚　鯽勒　柳根

草根　馬口　鼈　拉蛄　蛤螞　蚌類　珠子　水獺

三獵戶器具

地窨　地搶　圍網　木隊　挑刀　蹚子

四禽獸種類

貂　狐狸　貉狸　熊　鹿　虎　豹　貍子

貛子　狍子　灰鼠　狼　黃狼　野猪　獐子　山羊

墨狗子　野鷄　樹鷄

五漁獵時期

甲採珍珠俗名打珠子秋七八月間頭二松花江及松香河之漁戶有採珍珠之舉於夜間行之因蚌類夜出覓食易於被人所得其殼內時有珍珠大小不等價值頗昂

乙捉蛤蟆　亦秋季行之可晒之使乾運銷京津一帶

丙打鹿胎　春二三月行之將鹿胎製成藥膏可治婦科諸症

丁打鹿茸　夏四五月間獵戶爭打鹿茸以其時之遲緩有燈碗子撥岔胡子四平頭馬安子爉片血片糟片等名目價值極高爲滋養之品運銷瀋陽營口

戊跟貂　冬季有雪時行之因有踪可覓故也皮價頗高運銷哈爾濱爲皮類最珍之品

己燻獾子　獾子多穴居用木柴由洞口燻之即出

庚打灰鼠　灰鼠食松果秋季果熟出而覓食均易得也有成皮大花板油胡[illegible]等類

辛打黃狼　俗稱元皮尾長五寸毛粗滿虎口謂魁皮裂筆皮賤較貂皮爲次

壬殺倉子　熊至冬季藏於空木中不飲不食只以舌咶其掌俗稱蹲倉子獵戶於此時得熊即稱殺倉子

癸流蹚子　將小徑用大木障隔引獸類觸於所設獵具每日巡視一次俗曰流蹚子

林業

撫松森林茂密拔地參天全境十七村內所在皆是佔全境十分之七實爲我奉省一大富源木以松柞楊柳榆楸爲最多每有三百年以上之樹多係棟樑美材近來人煙漸多農戶樵採風火爲災摧殘日甚木材漸見缺乏若不及時防護則旦旦而伐將悉成濯童山詎不深可惜乎是以民國十八年六月間有遼寧省農礦廳林區駐在所成立自此所設立森林得以管理私伐得以禁止輪囷雜奇之質庶無摧挫之虞盤根錯節之材胥可儲爲世用矣

附林區駐在所職員表

職務	姓名	次章	籍貫	出身
所長	黃鳳閣	翔五	黑山縣	奉天甲種農林學校畢業

技士	劉文蔚	煥章	新民縣	熊岳農業學校畢業
稽查	曾慶麟	香閣	鐵嶺縣	奉天甲種農林畢業
文牘	史克仁	藹如	寬甸縣	寬甸師範畢業
收支	李文卿	問青	錦縣	初級中學畢業
庶務	張繼綱	培倫	黑山縣	
檢木所主任	張金凱	榮旋	義縣	

醫業

撫松設治未久風氣不開人民均佞佛媚道有疾則焚香禱神不知延醫服藥自民國二年漢人日聚醫士有來設藥肆療疾疫者雖非扁倉亦勝巫覡民國元年有藥店一處四年增爲二處八年增爲三處十年增爲十四處十三年增爲十五處十五年增爲十六處之多撫松之醫業日見起色可知矣惟醫之庸者不無悮人生命之虞民國五年曾奉令考試醫生以無應試者未果行本年知事張公傑三始實行考驗分別去取其實精醫理學問明通者發給執照准其行醫其試不及格者勒令改業以免悮人生命茲將合格醫生列表如左

調查醫生表

姓名	年歲	籍貫	業醫區域	醫科	至縣年月	藥店名稱
張秀峰	五六	孟沂縣	一區	內科	民國元年	張秀峰
韓子玉	三七	北京	一區	內科	民國四年	積盛廣
裴子俊	六二	日照縣	一區	內外兩科	民國八年	廣仁和
尹光濟	四六	朝鮮	一區	內外两科	民國十年	永源昌
田新啟	三三	新民縣	一區	外科	民國十一年	守善醫院
李書銘	四一	鳳城縣	一區	內外兩科	民國十一年	新亞醫院
劉清池	四一	鄒縣	二區	內科	民國十一年	廣育堂
李紹庚	三九	遼陽縣	一區	內科	民國十二年	天福堂
連文祭	五五	文登縣	一區	內科	民國十二年	久興隆

劉海峯	五四	武安縣	一區	內科	民國十一年	久興隆
李忠元	六八	壽光縣	一區	內外兩科	國民十二年	萬合堂
孫同恩	三四	萊陽縣	一區	內科	民國十二年	同仁藥店
金亨權	二三	朝鮮	一區	內外兩科	民國十二年	撫林病院
李琴亭	六〇	樂陵縣	一區	外科	民國十二年	天德堂
高鳳謙	三八	平都縣	一區	外科	民國十三年	謙益堂
王全祥	四八	泗水縣	一區	內科	民國十五年	天合堂
袁成錡	二八	武安縣	一區	內科	民國十六年	廣合祥
于子清	二三	海城縣	一區	內外兩科	民國十七年	日新醫院

醫學研究會

撫松從前雖有醫生均未經考取不無悞人生命之虞縣長張公傑三有鑒於此於民國十八年春實行考驗分别去取共考取合格醫生十八名發給執照准其行醫其考未合格者勒令改業以免悞人生命遂於十八年六月十七日成立醫學研究會以謀醫業之發展招集醫生開會選舉田新啟爲正會長龐俊爲副會長嗣又舉田新啟爲正會長李書銘爲副會長其餘列爲會員租小南門裡路西瓦房三間爲會址規模亦頗完備

慈善

直魯難民救濟收容所

直魯各地比年荒歉就食東省之難民日益加多每際隆冬扶老携幼啼飢號寒不堪言狀縣長張公傑三所以民國十七年三月二十八日有直魯難民救濟收容所之設也該所設於南門外山東同鄉會院内辦事人員皆由縣署警甲學農蔘商會各職員兼充不支薪水經費由山東同鄉會負担若有不足再由地方紳商捐助凡難民老幼殘廢煢煢無告者均可入所内食宿倘有死亡驗明購棺掩葬如有疾病得隨時醫治此所成立難民不致無所歸矣兹將擬具簡章列左

直魯難民救濟收容所簡章

一由縣長督同教育農商葠各會設直魯難民救濟收容所一處設於山東同鄉會院内
二辦事人員由縣署警甲學農商葠會各職員兼充不支薪水成績優良者得呈請核奬以酬勞勩
三難民中有尋找親友者則詢明地點指明途徑使其前往其無預定地點者撥交各村或傭工或開墾荒地一聽難民之便均由警甲妥行監視以免流離
四本所經費暫由山東同鄉會負担倘有不足再由地方紳商捐助或呈請撥放
五難民入境時先由警甲檢查但非匪黨即行送所倘有形跡可疑之人即拘送究辦

六難民中有疾病者得隨時醫治倘有死亡應依法驗明殮埋並

照章呈報

七入所難民人數應按月表報以備查核

八本簡章有未盡事宜得隨時修改呈請更正

義地

商旅來撫倘有死亡掩葬無地多停柩廟宇以及城邊隙地甚或棺木菲薄封漆不嚴日久被風雨侵蝕棺木朽腐不免骸骨暴露無人顧問而飽於狐貉犬狼之腹中者所在多有於民國三年設立義地一處計二晌一畝在縣城西南江沿地方民國九年知事曹公樹薇以此義地距城近在咫尺不但有碍交通且於衛生亦大有妨害乃通知商民限期遷移嗣由山東同鄉會出貲於縣南距城五里城墻溝門地方購置義地一處計寬長里許凡客籍商民及遊旅來撫倘有死亡均可浮厝至無家可歸者亦可久葬自義地設而民人骸骨不致暴露於野矣

宗教

吾國夙多迷信樂善好施者恒捨廟地以爲積福之緣因此廟宇林立每建一廟不惜巨資峻宇雕牆窮極奢靡僧道等據爲養身之源民國成立參用西法欲破迷信廟不在祀典者全行拆毀改作辦理新政地址民國法律有信教自由一條僧道等遂據此爭執當局亦不能禁止廟宇故未盡拆毀撫松設治未久廟宇尚少慈東關有廟一處廟堂二間神位甚多地址爲張聘之所捨南關有武廟一處房三數間現又重修廟舍規模已備地址爲徐德所捨距城八里在裡馬鹿溝仙人洞增修關帝廟廟宇數間工程浩大興工數載今已告竣地址爲徐肇業所捨至於山神土地以及老把頭之小板廟無地無之城裡西南隅由由公竹亭建板房旌

烈祠一處將陣軍士供於祠中以旌其烈現由縣長張公傑三在南門外另建瓦房三間將城內旌烈祠移於南門外工程早已告竣矣再張公擬於城內東南建修文廟一處籌畫已定來春即可興工此廟若成人知尊孔文風自蒸蒸日上矣

道教　可分兩種其一蓄髮持齋念經不婚娶者曰道士其一不蓄髮或持齋或不持齋婚娶生子無異常人者曰夥居道撫松荒僻信徒甚少道士僅有數名即夥居道亦甚寥寥

回教　亦名天方教獨回族崇奉之教規極嚴不吸煙不飲酒不食豬肉撫松原無回教近年始漸有移居者惟以爲數過少又以初至遷徙無定建設清眞寺一處

附寺廟表

寺院名稱	所在地	創建時代	創建施主	供像	住守者	常住人數
武　廟	大南門外	民國十七年	徐殿候	關岳	范教發	二名
龍泉宮	東門外	民國十二年	張聘之	關帝	楊永海	七名
岫雲觀	馬鹿溝	民國十二年	徐肇業	關帝	劉至有	一名

禮俗

民風　本邑人民以直魯二省爲最多本省人次之剛柔文野各有不同茲略舉各省人民之同異並着其特長之點直隸及本省人民性柔好禮魯省人民性直好鬬直籍人民體質微弱善於經商本省人民長於稼穡魯籍人民軀幹壯碩能耐苦喜田獵然以其氣質强悍鋌而走險者多以故萑苻不靖時擾閭閻良可慨也

嫁娶　男女婚嫁一遵父母之命二承媒妁之言普通人情總以資產相當始能議婚初議婚時由媒妁酌量男女兩家足可相當始分頭探詢各有可意遂將男女庚帖互換各倩星士推卜謂之合婚如各無妨碍婚姻始定於是女家先往男家

一觀以一飯爲妥協謂之相門戶嗣後男家備簪珥布帛等品納之女家謂之換盅又謂看媳婦迨婚時則倩星士諏吉開帖詳註男女庚辰及過禮迎娶之期娶送婚者宜用何命忌何屬人坐帳方向極爲詳備至日男家具彩禮物品借媒人送至女家謂之過禮又謂之下束女家設筵享客即便議定迎娶各事宜迨至吉期前一日女家送妝奩於男家送法或用人抬或用車載男家接到後即佈置洞房中喜期新郎親迎備對馬成雙隨新郎行謂之陪光亦謂之馬客又備轎一乘上懸銅鏡意可避邪紗燈鼓樂前導引新郎至女家由女家人引入與新娘屋內面坐經娶送兩女客喂飯及餃子謂之噴飯由新娘之弟兄或叔父抱在轎上謂之抱轎轎行

後女家親屬相送謂之送親轎將至男家由男家翁扣篩子於轎上到喜堂前先由童女二人各持銅盆內盛鉛粉向新娘臉上楂粉謂之添胭粉再由少婦二人各持銅盆一盛火一盛㳘水向新娘頭上理髮着新娘烤手新娘頭蒙布懷抱寶瓶降轎由娶送兩女客左右扶持新郎捧盒在前新娘在後爆竹奏樂以紅毡鋪地男女步其上至香案前雙雙交拜俗謂之拜天地拜畢男女齊入洞房到門由新郎以秤杆揭新娘首帕放於房上謂之揭盖頭入洞房向喜神方坐謂之坐福男家備盛宴以享嘉賓晚間新郎新娘對坐食麵謂之食寬心麵又謂之吃五大碗翌晨拜祖先及宗族戚友以別尊卑長幼越七日新娘偕新郎歸寧母家謂之回門一又謂

之占九一飯即歸此婚嫁之大概情形也

喪葬　凡人初終先置床於堂前衣衾佈置完好爲子弟者即出室外立高橙上手持扁担高呼往西方大路走謂之指明路又用藍紙翦成被將亡人從頭至踵蒙好用生鐵或石塊鎮壓四角凡親屬之卑幼者女去笄男易冠皆着白布衫伏地左右哭泣亡人前供一盂上插裹綿之箸三枚燃油燈一盞長日不息置瓦盆一爲盛紙灰之用諸所齊備子弟報廟翌日或越日成殮有棺無槨親族於斯日咸具紙帛奠於靈前擇日發引送葬葬後三日祭墳謂之圓墳七日一祭祭七七謂之燒七百日祭謂之燒百日年終祭謂之燒周年三周年服滿此喪葬之大概情形也

年節　舊曆除夕家人折紙焚香於十字路口或祖先墳墓曰接神中堂供設香案致祭宗祖卑幼向宗譜及尊長行禮曰辭歲夜半設香案於庭中上供全神望空拜祭爆竹聲喧謂之接神又曰發紙設香案與尊長行禮曰拜年諸事畢食餃子少許謂之串元寶黎明互賀新年

元宵節　正月十五日爲元宵節入夜張燈作樂街市間燃放花炮以爲樂有以麵製元宵煮食者故名元宵節

二月初二日俗稱龍抬頭晨起由竈間引灰至井謂之領龍院内用灰畫囷謂之打灰囷咸備盛饌團聚而食似亦有節令之意

三月十六日此日係老把頭之生日老把頭不詳何許人相傳係

放山者之鼻祖土人或云是前淸老罕王現在放山者均祀之是日家家沽酒市肉獻於老把頭之廟前撫松人民對於此節極爲注重然他處無之

淸明節　有子弟者咸爲其宗祖掃墓添土焚紙帛以奠焉

端陽節　五月五日爲端陽節俗稱當五咸插野蒲艾於檐間懸紙葫蘆於門上意謂可避瘟疫小兒女各繫彩絲於臂項間謂之避瘟繩飲雄黃酒食黏角黍等品

六月初六日　各戶及村社均備供品以祭蟲王

七月初七日　俗謂乞巧日徒存其名此間尚無慶兹佳節者

中元節　七月十五日爲中元節俗謂鬼節故咸焚紙帛於街衢間以祀鬼神焉

中秋節　八月十五日爲中秋節城鄉間均停止營業以瓜果月餅之屬分與家人夜則陳諸品於庭前對月焚香以祀謂之供月又謂之圓月

重陽節　九月九日爲重陽節多登高眺望謂可避災亦師古之意也

十月初一日　俗稱斯日爲小陽春仍似清明節咸出掃墓添土焚冥帛焉

臘八　十二月初八日爲臘八以黏米雜各色米粮共八種煮粥共食俗謂之食臘八粥

祀竈　十二月二十三日晚以糖祀竈取竈神畫像焚之俗稱過小年

生子　生子三日開湯餅之會曰洗三親友各送麪卵豚蹄諸品爲産婦生乳彌月親友又分送兒童飾物謂之作滿月主人則備盛筵以酧之

宴會　宴會之儀城鄉多有之每於元宵節前行之俗謂之會年茶惟城鄉各異奢儉不同鄉間樸素食物不過數簋城中漸趨奢華南酒海味數見不鮮然較其他各城尚遜一籌也

文藝

大堂撰聯

許中樞

天從此開地從此闢心不爲天地分憂便是兩間無能之輩
民吾同胞物吾同與身不與民物立命旣係一方有罪之人

撫松縣城工記

撫松縣居長白右麓舊屬吉林地方幽僻二百餘年依然草昧淸
宣統二年改隸奉天初設縣治雖有官署並無城郭民多新遷艮
莠雜處伏莽潛滋戒備偶疏乘間竊發民國三年七月二十四日
匪衆二百餘人以劉大個子爲首平明由東山憑高直下衙署與
市廛民居散若晨星本不相屬匪逐分股攻撲前知事湯君信臣
殉難商民均被蹂躪警報至省大吏震駭余自民國二年卸署吉

林德惠縣篆務丁憂在籍鎮安上將軍張公金波在兼巡閱使任內函電交馳調赴奉省喪葬未畢余不果行遲至三年五月到奉七月適逢是阨命攝茲邑到任後周覽形勢東南兩面皆山林木叢雜易於藏垢西迫頭道松花江北繞松香河秋冬水涸隨在可涉此所謂四面受敵之地也警力單弱不堪言戰既無深溝又無高壘更何以守商民甫經匪亂財匱力絀凡百設施諸難爲計潢池未靖風聲鶴唳一日數驚乃躬率巡警徒張虛幟賊不敢犯適獲博徒援律應處以徒刑科以罰金余曰余寬爾刑免爾金爾其爲我工作僉曰諾於是拓地周圍四里決濠修壘分别輕重定爲日程初以濠深四尺上寬七尺下寬三尺長一丈爲一日四面已周由淺入深繼以再深三尺底寬一尺長一丈爲一日接續更

替工滿則釋博徒不充復捐薪俸繼以傭値規模初具賊屢窺伺迄未能入商民額首稱慶以爲七月之變不再見於冬日者濠壘之力也衆志旣孚萬口同聲迺於四年春集商民而告之曰匪禍之慘君等已躬嘗之矣濠壘之力君等已親見之矣然而尙未平也濠之淺壘之低尙不足恃也增壘濬濠君等任之有壘矣必有門以閑出入有濠矣必有橋以通往來吾任之僉以爲可遂乃按戶計丁分工興作踴躍從事衆力畢舉築壘高至七八尺修濠寬至一丈深一丈或八九尺各因地勢稍有不同余乃鳩工庀材原有五街各修一門各一橋東曰勵山門南曰獲鹿門正南曰安瀾門正西曰襟江門正北曰帶河門門外橋各長一丈六尺寬一丈五尺西曰襟江門橋長二丈四尺寬與各門同東門內舊有水渠

下有泉與江通隨江水爲消長門外百餘步爲松香河故道各修一橋内曰通江橋外曰古松橋又東小橋一北門外小橋一共爲五門九橋是役也濠壘各工凡經三次門橋各工凡歷五月襄助其事者商會會長張成業副會長馮舜生之力爲多後之官是土者歲加修葺俾勿墮壞是則百年之利也中華民國四年十月知撫松縣事黄縣由升堂記

鎮邊樓記

昔者魏武侯與吳起浮西河下中流曰美哉山河之固此魏國之寶也吳起對曰在德不在險雖然險亦何可忽哉撫松縣治左山右江前溝後河地勢險阻洵可寶矣然而三年七月竟至失守者何也則以不知守險之故也余承之斯邑正值殘破之餘至則掘

濠築壘分設五門匪警時聞闔城晏如易所謂設險以守其國者庶幾近之歟惟衆山環繞東南一隅峰巒矗立俯瞰城市有高屋建瓴之勢廼建炮臺於其上方二丈四尺上起望樓方八尺圍以濠塹縱八尺横十丈工既畢題其額曰鎮邊樓商民相顧稱慶以爲有備無患雖然守之固在人耳得其人則足以捍衛全城固若金湯不得其人則足以拊我之背而扼我之吭者未嘗不在此台也吳起所謂舟中之人盡爲敵國不其然乎然則守險在用人而用人在德固猶是在德不在險之義也是役也縣署第一科長歙縣方明警察所區官縣紳於廣義巡官劉永祿稽查員任奎忠監修之力爲多不可以不記因書是語以告來者中華民國五年十月知撫松縣事黄縣由升堂記

鎮邊樓楹聯

一樓足鎮嚴疆襟帶松江居然天險
百里胥歸鎖鑰屏藩花縣永息邊氛
奉天政務廳長調任洮昌道尹金梁

城外建高樓吾民依險防維不驚風鶴
邑中得賢宰他日巡邊登眺共印雪鴻
竹亭賢令尹治松三年庶政畢業復籌款建炮台起望樓以
資保障商民稱慶從此闤闠不驚邊邑之幸而賢令尹苦心
毅力亘可佩矣撰聯寄懸川誌欣慰民國六年四月東邊道
尹方大英書識

高摘星辰天外攙槍從此掃

俯臨城郭邊庭雞犬總無驚

撫松嚴邑也山水環抱東南一峰逼近城垣尤爲險要由竹亭知事建礮臺於其上以資守禦工既畢邀余登臨全城在望洵一方之保障也因誌數語以杼景慕之意中華民國五年初冬陸軍步兵上尉古龍原關明啟耀東氏撰

鎮邊樓落成志喜　由升堂

鎮邊樓上午風清嘯侶登臨慶落成煙火萬家聯市井江河兩派繞山城雲霞欲斂胸前盪燕雀翻飛眼底平地勢龍蟠兼虎踞潢池羣盜漫相驚

奉和鎮邊樓落成志喜原韻　何原琦

鎮邊要使盜源清偉績三年信有成萬里烽煙銷遠塞千秋臺榭

甌孤城循良餘事傳歌詠父老同聲頌太平遙識登臨償素抱閭閻應少吠厖驚

和竹亭先生鎮邊樓落成詩並步原韻　吳守坤

天外妖氛掃盪清登臨一覽慶功成廛開肆列千家市水繞山環四面城棠舍陰濃鴻羽集松江風靜鱷波平建瓴高屋雄圖壯安堵閭閻總不驚

和鎮邊樓落成原韻　魯宗煦

蕭然兩袖惹風清屈指三年恰落成勝蹟堪同籌筆驛收功如築受降城（臺初成適葛景春率首領九人夥黨六十餘名投誠）旌旗別色威先壯（臺上見有軍隊即懸方旗以告警署使知准備）戰鼓無聲賊已平從此閭閻皆額首萬家安枕不須驚

贈吳委員賚生

與君邂逅在天涯文字因緣幸未差有子書香留奕業無家宦味
感年華詩追李杜篇章古話説桐城志願奢相見相知方恨晚驪
歌門外促征車
一官匏繫在邊城百事經營百不成鴻雁澤中稍斂息豺狼化外
尚縱横愧無恩沛千家渥衹有風生兩袖清若使上房來問訊受
降令下亂初平
嗟君此去太匆匆知己原從客裏逢座上酒籌增别恨囊中詩句
寫行蹤隨身伴侶惟三兩歸路河山更幾重何處徵塵能遠及鎮
邊樓畔最高峯

賀由公受降詩

恩威兼用共推公頑梗輸誠見治功驅使貪狼奔境外攫來鷙鳥

入籠中龔平渤海神同妙禹格苗民術並工從此妖氛都掃淨凱歌高唱大江東

元旦　曹祖培

指顧雙輪瞬息天光陰飛箭又迎年身如貶謫堪參佛官到清貧即是仙少許山珍新獻歲幾多爆竹壯開筵茅簷願約先生飲醉後何妨説酒顛

和前題　車焕文

無所從違若二天陽年方去又陰年燈杆權作山頭月爆竹驚醒洞裏仙縹緲香烟酬祖德喧嘩兒女鬧華筵移人習俗誠難免叩首神前起復顛

元旦　曹祖培

爆竹久無聲聲喧喜若驚衆山誇震定一夜卜升榮我索梅花笑人爭柏葉迎撫松新氣象祥瑞滿城生

和前題 方明

昨夜匉訇爆竹聲聲傳不斷鬼神驚桃符萬戶都新換柳線千條欲向榮暖入屠蘇欣共飲香銷柏子笑相迎漢宮蠟燭連城市喜覺春風百媚生

和前題 車煥文

年來刁斗寂無聲爆竹聲喧總不驚銀燭輝煌欣結彩金錢頒賜倍增榮屠蘇醉倒人休怪梅蕋斜教我笑迎更有文明新氣象國旗飄蕩春風生

元宵 曹祖培

元宵欣此日迥異往年情爆竹新開放桃符未變更烽煙銷曠野燈火澈江城漫說崑崙事狄青善用兵

和前題　　方明

何爲天不夜春色最多情煙火開千樹笙歌到五更鞦韆況院落珠玉滿邊城四境昇平象從兹偃甲兵

和前題　　車煥文

每遇元宵節燈光接月明關山寒有色刁斗寂無聲人樂長春國天開不夜城崑崙堪繼蹟大帥用奇兵

重九偶成　　曹祖培

滿城風雨轉晴天放眼樓頭喜鎭邊人愛東山懷謝傅登高近接向山巔

重陽情景勝端陽緩緩催租戶有粮難得秋成佳節樂江頭也見菊花黃脫帽偏逢落帽風樽前露頂識英雄山陬誰敢題餻字醉飲葡萄一笑中

韓僑都是白衣人送酒官家話性眞僻地先寒霜滿樹楓林美景隔江津

撫松十景

遼東名勝首推白山而附近諸山又無峰不奇無石不峭山巔積雪四時不消故名之曰白山而松花江源出其上蜿蜒如帶北流千里撫松佳景觸目皆是令人應接不暇從前並未經人品題雖有佳景亦無聞焉自張公傑三到撫之後始列爲十景並七言十首經斯品題而益顯矣兹將十景列後

柳城春曉　　張元俊

雲淨煙開曉日晴春風楊柳滿邊城天公洵是無私者也遣黄鸝自在鳴

筆架尋秋

筆架山高氣象雄三峯直插入晴空黄花新豔丹楓老此地秋光逈不同

東山晨鐘

鎖邊樓上起鐘聲送入春風滿柳城到耳聽來高枕臥桑麻鷄犬總無驚

西江晚渡

江頭日暮各紛然漁舍家家起晚煙一葉輕舟歸未得行人喚渡

夕陽天

蓮池泛月

把酒傳杯笑語頻扁舟來往夜沈沈愛他蓮影波心月領畧風光有幾人

仙洞生雲

仙洞清幽不染塵白雲深處客來詢邊城縱有桃源地今世何須再避秦

長隄垂釣

垂釣長隄日色闌斜陽歸去幾人歡江頭何處逢漂母千古英雄說飯韓

鎮邊遠眺

步上高峯近日邊登臨愛趁夕陽天晴空萬里歸雲綴處處山村起晚煙

香水環帶

香水環城西北流煙波倒影鎮邊樓柳隄春曉池塘綠四壁山光一色收

白山積雪

惟有白山極壯觀層巒高聳日光寒年年賸有峰頭雪皎潔偏宜月下看

撫松十景 次韻　黄寶廉

柳城春曉

白日青天萬里晴曉看柳色綠盈城流鶯欲世知時變爲報春音

帶曙鳴

筆架尋秋

架筆依峰意態雄雲霞煥采罨晴空山寒石瘦楓如火畫出秋光迥不同

東山晨鐘

東山破曉起鐘聲散入春風送滿城警覺斯民酣夢醒身心策勵總相驚

西江晚渡

江清月白兩悠然漁火船家起晚烟爲政必期能濟衆使民長此戴仁天

蓮池泛月

勝地清遊不厭頻蓮池倒影葉浮沉月明澈底渾無滓詣此方無
愧作人
仙洞生雲
何事求仙了俗塵洞雲靉靆路難詢世人未到功成日莫作桃源
學避秦
長堤垂釣
香餌長鈎興未闌臨淵豈止羨魚懽嚴陵峻節高千古三傑淮陰
有一韓
鎮邊遠眺
造極登峰雲漢邊長空萬里蔚藍天巖疆賚此爲雄鎮烽火消除
淨塞煙

香水環帶

川傍松林香氣流成環蓄勢護城樓藴宣奇秘鍾靈秀全縣精華讓水收

白山積雪

矗矗奇峰訝巨觀雲霄直上犯淸寒蒼顔皓首巇嶒態應作羣山道貌看

柳城春曉　王鴻基

春來天氣正淸明曉日初昇照柳城烟樹萬家多掩映雲山四面更崢嶸臺隍迤帶如靑鎖土壁週圍似翠縈百里仁風生意滿康衢鼓腹詠承平

蓮池泛月　前人

一輪明月滿前川半畝池塘別有天泛影輝煌生綠水浮光燦爛照青蓮金球滾滾驚魚躍玉鏡瑩瑩動鷺眠不染泥塵君子德四方人士頌清漣

仙洞生雲

世人莫笑學逃禪流水光陰有幾年自去自來雲外影不生不滅洞中仙紅霞爛熳升岩穴紫氣氤氳出岫巔敢問海濤何處往空留石室夐無邊

筆架尋秋

筆架山中處處游尋看景物即成秋柳城琉影千家露松水清波萬里流淡霧輕烟籠峭壁黃花紅葉掛峰頭與民此日同觀賞勝似登雲百尺樓

鎮邊遠眺

建築高樓立峻巔登臨遠眺景無邊雲山淡淡迎眸下江水泱泱在眼前草木看來歸掌握萑苻不敢起雲烟全城市井皆安堵一响雷聲動午眠

柳城春曉　　劉椿

緣何植柳作邊城綠壓墻頭畫不成廛肆春同陶令第閭閻曉似亞夫營深籠翠色微風動淡鎖靑烟曙氣清天外妖氛從此掃謳歌惟有管絃聲

仙洞生雲　　前人

古洞傳來內有仙山深徑曲近雲邊光呈狹谷原非霧彩繞懸崖却似烟叠嶂排空名勝地飛岩入畫艷陽天寰中吉兆於斯卜永

慶昇平萬億年

鎮邊遠眺　前　人

望樓危起極山巔取義森然號鎮邊勝日登臨憑眺矚乘時吟詠足流連江河萬里奔疆外市井千家聚眼前高類齊雲堪駁下倚爲保障亦天然

香水環帶　前　人

河喚松香水往還蜿蜒自北出山間江城一曲如縈帶市井千家似佩環迴顧源源非澤國周觀漫漫近仙寰天然地勢成天塹據此何須別設關

白山積雪　車煥文

巍巍坐鎮在遼東費盡丹青畫未工常似銀沙堆地上曾經天女

在在空中高倖嵩嶽兩無別景比峨眉一様同若待雪消冰釋後群峯仍像白頭翁

西江晚渡　　劉椿

白日依山照晚窗行人濟濟渡松江農夫返去登長岸樵子歸來問小艭隔水頻呼聲不一輕舟獨盪影無雙遊臨欲賦新詩句聒耳偏聽欸乃腔

筆架尋秋　　前人

山名筆架景偏幽勝日尋看處處秋雲曉三端身外過氣淸千里目中收黃花滿徑毛錐臥紅葉盈林栗尾遊欲共長天渾一色松江香水兩悠悠

長堤垂釣　　車煥文

水繞長堤向北流何人垂釣懶乘舟舉竿灑散孤洲雁飄縷驚飛兩岸鷗獨占高崗探雪浪全濕雄勢掛金鈎老公須有太公志莫負松江一色秋

東山晨鐘　前人

東山聳峭碧摩天最好晨鐘在上懸撞罷聲隨千丈落聽來身起萬家眠勢高可摘樓頭月響遠能驚洞裏仙從此發人深省了絃歌並作樂無邊

春曉登撫城鎮江樓　周鳳陽

鎮江樓上日遲遲正是群芳角勝時四面青山開錦帳一城綠柳掛金絲白山雪映纫紅彩仙洞雲生護碧枝如此韶光空自負勸君莫賦旗亭詩

雪夜偶書　　前　人

夢裏還家恨五更經年舊事話分明無情風動窗前柳不是鐘聲是雪聲

弔前教育廳長王公毓桂　　前　人

噩耗傳來入夢頻西風瀟水賦招魂德音已渺淚空灑俎豆雲天何處存

其　二

遼水青年沾雨化哲人其萎夕陽斜而今對影空揮淚杯酒斷腸哭天涯

柳城春曉　　牛善堂

長隄一抹綠楊烟圍繞江城洵可憐花怯曉寒和露睡柳披宿霧

戀春眠斜風碎捲雲中絮旭日晴烘畫裏天如此韶華應自惜人生切莫誤青年

蓮池泛月　　前人

爲愛蓮花戴月遊池塘深處泛輕舟白蘋風細鷗眠起紅藕香清蝶夢幽鏡影浮沈隨浪湧歌聲委宛扣舷謳此間佳趣知人少以水爲家樂自由

長隄垂釣　　前人

一篙春水遠連天兩岸漁人泊小船箬笠微沾紅杏雨釣絲斜挂綠楊烟投竿宿鷺先驚夢爭餌遊魚屢躍淵滿載歸來天色晚舉杯醉月樂陶然

西江晚渡　　前人

閑來晚眺大江東渡口行人戀不窮帆影飄揚殘照裏櫓聲搖曳暮烟中鴨頭活水三篙綠鴉背斜陽一抹紅笑看往來名利客浮沈浪跡等飛蓬

長白積雪　　前人

滿山積雪任縱橫埋沒羣峰辨不清白混氷天晴有影光搖銀海皓無聲花攢六出乾坤冷玉擁千秋晝夜明向晚憑欄遙眺處蒼茫極目愈晶瑩

長白積雪　　史鴻鈞

層巒陡起峭寒侵雪壓峯頭雲霧深千古白山眞面目當時王氣已銷沈

蓮池泛月　　前人

沽酒同消萬古愁湖光夜色滿蓮舟關情最是波心月也解留人曲作鈎

鎮邊遠眺　　前人

憑欄遠上鎮邊樓滿目風光萬象幽美景天然蹤似水他年能得幾回遊

西江晚渡　　前人

古岸春光逐客來夕陽喚渡小船開青山有意自千古松水無心去不回

柳城春曉　　前人

白山松水兩分明春色含烟滿柳城戍鼓頻吹聽斷續笳聲陣陣起連營

東山晨鐘　　　　　　　　　　　　前人

東山高處起晨鐘聲徹邊城路幾重一杵萬家齊警醒曉窗細語興猶濃

東邊道尹王公理堂德政碑在縣城西江沿

功施於一郡德被於一屬此官守之常非極則也漢世龔虞令猶稱之其治行風化勃海朝歌外不及也以其官治其所守職責所在龔虞能盡其職焉耳若夫宏施廣被畛畦不分鄰境窮黎同沾惠澤願猶謙讓未遑其蘊蓄爲何如也王公理堂官東省三十年功德在民而治匪維嚴凡東省人士孰不感公德而仰公威此次督辦清鄉殆即重公威德冀以治此匪患耳東邊山深林密易於藏聚故匪尤甚公任事後凡四赴東邊往來山林中九千里知此

匪决非各縣警甲所能撲滅也創募林警分佈賊巢以犁其穴村屯散落易受匪脅制也歸併之以厚其勢防民之窩濟匪類也設互保之法恐林警怠於剿捕也定計首之賞伐樹修道利於搜剿也擇要築防便於策應也長途設電易得匪耗也凡此者皆足以殺匪勢而遏匪氛是年盜案減三百餘起而撫臨濛等處因得獲一日之安則王公之賜豈尠也哉十年春公兼署東邊道翌年夏清鄉裁併專任道職濛江本吉屬與東邊之撫臨接壤而修道築防欵悉公籌併撥林警築防濛境其視濛也一如撫臨不以非其屬而歧視也撫臨獲承公惠猶其民也濛以隣屬而沐恩如其治則王公德量抑豈囿於一郡一屬之功德而沾沾官守之常者所可同日語耶公性直而嫉惡嚴苟不法雖近幸無所貸故出巡豪

猾斂迹鄉僻小民因得撥雲霧而見靑天者不知凡幾則其黍雨之歌甘棠之頌又豈惟撫臨濛等民已哉

奉天省撫松縣所屬文武官員農商各界恭立

中華民國十二年吉月　穀旦

戊辰松江留別二首并序　李鎭華

東路淸鄉奉令調省撫松各界盛筵祖餞快鏡留光感謝之餘賦此誌別詞之工拙不計也

贈同學張傑三縣長　前人

與君總角論交情二十年來寒暑更（前淸光宣間余與君同學師範於奉天彼時皆靑年今縱談往事垂垂已二十年矣）教育英才同此樂（畢業後余與君均在籍辦學任勸學所所長有年）宣勞爲國有光榮（君嗣被舉爲省議員國會議員等職）安民查吏留成績（君歷任全省保甲公所參事東邊勦匪總指揮省長公署考查吏治委員各要職）大用長才已記名（君榮任國務院簡任職存記）淸愼勤能兼

和緩依然本色老書生君雖一行作吏奔走風塵仍不改其書生本色而清慎勤能尤非常人可比故云

贈農商警學各界諸友　　前人

人生聚散本無常況復男兒志四方泥雪飛鴻留印象臨行各界公議合影以留紀念春風快馬任騰驤璞菴所長爲借快馬以利行程新交舊雨齊歡送聘之耀東亞鏞諸公皆多年老友而覃軒凌雲功甫尤一見如故云旨酒嘉肴更飽嘗各界惜别盛筵欵待幾無虚夕此會他年知有日隆情盛意實難忘各界名流送於别不盡依依至松花江畔江干話今思之心猶不忘

撫松縣長張公德政碑

蓋聞體國經野古慈君之壯猷頌德歌功今士庶之報稱我 縣長 張 公傑三印元俊寬甸籍爲東省名士以國會議員來長我撫宅心仁厚天性慈祥視撫民如子弟固撫境於苞桑豐功偉績熙天耀日雖無能名謹述其略我 公下車伊始適值丙寅冬胡匪陷城之後荆榛彌天瘡痍遍地我 公沉幾應智以剿匪爲首謀安民爲急務於是嚴督剿捕招集流散不數月間防務周密人心漸安商民各復其業我 公復請 大府免農債以蘇民困修城池築砲台以防匪患發倉谷請賑欵以維民食修電話闢道路以利交通請省款築江壩以遏水患收私槍改隊伍以固防務設師範增學校以育人才查游民禁烟賭以厲淸鄉他如貸款濟

商建昭忠祠立教養工廠禁擅派花費免供給木柴放餘荒招墾戶劃街基立市場購槍械修縣志定苗圃請庫欵修縣府種種設施無一非治撫之善政我　公嘗謂撫民之害有三胡匪不清一也濫派花費二也林內種烟三也我　公一舉手即廓而清之我
公涖撫之初股匪充斥戶數僅有三千嗣經我　公督飭警甲嚴行剿捕擒斃胡匪二百餘名獲槍百二十餘枝戊辰秋境內肅清戶數現已增至數倍丁卯冬通臨刀匪蠭起我　公嚴密防範躬親查卡衣不解帶者四月有餘雖鄰封擾攘而境內晏如復出隊應援臨江卒殲渠魁此皆我撫民所不能忘者興利除弊公正廉明古所謂一路福星萬家生佛者我　公克當之矣惟是樂業安居四載懷愛戴之誠而霖雨蒼生億姓少纖塵之報返之寸心

公治撫善政略述梗概義不取諛事皆從寔
鑴安俄頃謹將我
用勒貞珉以期常戴棠陰永垂不朽云爾
中華民國十九年歲次庚午五月穀旦
撫松縣闔屬農工蔓學商民人等恭頌

重修撫松城池添設砲台記

撫松設治以來至民國甲寅丙寅兩罹胡匪陷城之禍即甲子乙丑兩年間胡匪之害亦無日無之商民受害至慘且劇守斯土者不能未雨綢繆匪去則侈然晏安匪來則警惶無措良可慨也查撫松原有土城周圍四里經由縣長竹亭監修年久頹圮殊爲可惜民國十六年丁卯一月予來撫適當胡匪陷城之後目擊心傷不勝今昔之感乃調集工役將城池重加修築城之高池之深均倍於疇昔復於土城之上植柳作柵以資防守原有五門九橋亦各鼎而新之撫松城池自此次重修城高約一丈五尺池深約九尺許雖不能如金城湯池據爲險要而守望有資亦可稍恃無恐矣予曩奉　檄勦匪東邊以經驗所得凡無城池之地防匪善策

莫若砲台以爲言戰不如言守用兵以衛民又不如先用地利使民自衛公輸之善攻不如墨翟之善守譬之於棋負者誤於進取勝者以慎守爲算其切喩矣撫松處萬山之中森林叢薄地勢險要且孤懸偏隅無聲援之足恃故治匪之策能守始能言勦是以於重修縣城之後城內外各要隘均建築砲台以嚴防務而資守望計城之五門建炮台五座南江岸西市場西江岸砲台各一座縣政府砲台二座公安局砲台三座北營砲台一座加城之四角原有砲台四座東山砲台一座共有砲台十九座幷勸殷實商民聯絡增修砲台十八座計城內外公有私有砲台都凡三十七座均係當衝之地平時以數人守之臨警則添兵防禦縱有匪患亦可雄據險要有備無患近年胡匪肅清者寔因縣城有險可恃故

得出全力嚴行勦捕撫境之肅清則重修城池添修砲台二事實不無裨益也且城池砲台相爲犄角不特爲防匪要著即對於國防亦係要圖此寗非地方當務之急哉中華民國十六年五月寬甸張元俊記

鎭江樓記

鎭江樓者撫松縣西松花江岸之礮樓也西岸爲吉林濛江縣境江介兩縣之間兩岸山深林密胡匪不時出沒樓名鎭江義蓋取此樓成於民國十六年春矗立江岸規模宏壯爲撫城礮臺之冠前臨松花江北繞松香河登樓四顧東南之馬鹿溝南甸子谿流川谷纖悉靡遺西面濛地之岡陵溝渠歷歷在目遠與鎭邊樓相映對近與各礮臺相犄角置利器其上十人守之能獨當一面可謂據形勢之要矣抑尤有進者古之人先天下之憂而憂後天下之樂而樂往往於公餘之暇即所守境內構建樓臺亭館爲與士民遊觀之所是樓也處環山之中四望不能十里固不若岳陽黃鶴極目千里具宇宙之大觀唯其山拱四圍水環三面亦自別饒

佳趣況此地爲白山數百里山水所會靈秀所鍾其江山勝槪與夫四時之風景皆足供人玩賞時而岸柳縈青煙波漾綠時而水鳥紛飛漁帆往復時而紅樹寒潭相映成幻時而雪壓松巔檣行冰上節序推移景物變換儘可於此樓一一見之夫撫邑東山仙洞競稱十景今更得此樓爲點綴庶幾白山松水之名勝爲不孤矣他日地方發展文物昌明長此土者於雨霽風和之夕偕二三紳耆登樓賦詩臨風把酒則名之爲風月樓可也洎乎交通便利汽車四達由茲接軌直達白山闢天池爲世界大公園任中外人士遊覽登斯樓者話種族存亡之歷史談古今民生之苦樂則即名此爲大同樓亦無不可也是役也地方公欵主任車仁盛一區區官溫瑞英商會會長李明祥張萬程之力爲多特爲之記以告

來者

中華民國十六年五月　日寬甸張元俊記

撫松縣武廟記

世有德擅片長功存一地坊表廟貌俎豆馨香者況乎富貴不能淫貧賤不能移威武不能屈天地合其德日月合其明四時合其序鬼神合其吉凶英靈神武亮節光風忠義仁勇德兼衆善而可無所尊祀用資敬仰者乎是知撫松雖遠處邊陲草萊初闢凡百設施諸端待舉而興修武廟崇仰先聖爲尊重國典所攸關尤爲刻不容緩者也民國十七年春於縣城南關外關徐二姓所施之地相度經營鳩工庀材剏始興修閱時五月得觀成焉其他廣十丈縱三十丈計正殿三間内塑關岳二聖神像并招道士范教德司香火住持其中每年率邦人以時致祭緬　先聖之功德慰敬仰之虔心亦所以尊重國典也斯爲記寬甸張元俊

重修鎭邊樓記

撫之東山舊有鎭邊樓前任由公竹亭建以防寇者也其礮臺望樓構置規模及其用意所在由公記之詳矣迄今歷十餘稔風雨剝蝕勢將傾圮若不重事修葺聽其頹塌則前人慘淡經營之苦心不將與斷壁殘垣同歸湮滅乎予泣茲邑已歷三年境內匪氛漸次肅清今春公私稍暇將城關礮樓修築完整而鎭邊樓居高臨下爲全城第一保障尤弗可緩爰即舊址鳩工約之椓之旣勤垣墉遂塗塈茨不浹旬而落成基址較前愈堅規模較前愈柘工成之日邀集邑之紳商父老學子兵士聚於斯樓而告之曰使我撫邀天之幸胡匪絕跡而今而後永獲安寧此樓不但堪作防務之資更可作爲遊眺之所可不善爲保守乎後之守斯土者或於

政暇率撫之人士登樓眺望見夫萬家煙火遍野桑麻鷄犬無驚邊鄙安居追念疇昔建樓鎮邊之功則由公之名可以永垂不朽矣此予所以樂爲之記也

中華民國十八年五月　　日寬甸張元俊

建修松花江壩記

環城之西有大水曰松花江源出長白山麓蜿蜒自東南來萬山夾峙水勢湍急加以夏秋水漲洪濤巨浪正當南門比年江岸被水冲刷沙土頹塌距城不及里許一旦潰城而入全城必成澤國若不先事預防貽患商民誠非淺鮮事關民瘼責有攸歸到任以來數與商民籌隄防之策輒以工程浩大胡匪滋擾商民力弱中止夫天下之事不一勞者不永逸不暫費者不久安坐言無益起

行有功幸值匪勢稍安商民日集乃於己巳春一月招集地方農商蔆學各界以及士紳到署會議建修江壩均各樂從相與實地勘驗繪具詳圖擬於大南門外松花江泛溢之處建修江壩以資隄防估計需銀幣八千圓惟兹邑地處邊陲商民稀少財力艱窘此項鉅款若全出諸地方力實未逮爰爲呈請大府撥發一半由地方籌措一半大府體䘏民艱准如所請由省庫撥給現銀四千圓遂即擬具簡章派邑紳李長勝爲監工委員鳩工庀材從事建修凡十閱月而工竣名曰松花江壩商民額手相慶以爲有備無患實全城一大屏障也夫是壩也予提倡於先商民贊助於後復賴省庫撥款始底於成費欵雖屬不貲而規模已具後之來者隨時修葺而保護之俾斯壩得以永固不但撫松商民之幸亦予之

所深幸也因爲之記

中華民國十八年十月　日寬甸張元俊

建修礪山門記

礪山門者城之東門也夫門以礪山名其爲險要可知也縣城三面環水一面依山地占形勝誠屬天成若無雄偉之建築以壯大其勢不但失其屛藩亦且有碍觀瞻於時南有安瀾獲鹿西有襟江北有帶河諸門之設而東則羣山聳峙俯瞰其下設非扼其險要防務稍疏即遭不虞民國甲寅丙寅兩遭胡匪陷城之害其明證也余到任後增修各險隘已不下四十餘處茲礪山門又頽焉將圮經云城郭不完余有責焉乃籌款鳩工庀材重行建築增修砲樓坐鎭其上樓高四丈長四丈寬三丈民忘其勞款無虛擲閱

十月而工成繼此以往依礪山之屏藩作全城之保障居高臨下憑險而守宵小斂迹尨吠無驚大有一夫當關萬夫莫開之概豈止壯觀瞻已哉是役也襄助其事者商會會長郭恩溥監工者翁國寶王天盛王盛魁例得并書

中華民國十八年十月　日寬甸張元俊

建修縣政府記

人必威儀尊嚴衣冠整肅而後足以動人之畏敬不生慢易之心邑之官廨人民之所仰瞻如因仍鄙陋漫無軌制殊無以辨等威而尊國體況撫邑地居邊僻密邇隣邦人情重畏威而輕懷德國家之設置一涉簡陋易啟戎狄輕藐之心姦宄窺伺之隙予曩遊內省及東瀛見夫官廨之森嚴建築之宏敞不覺爲之悚然何也

蓋官廨者國家之建築品其爽塏與湫隘可代表國家之强弱豈
徒壯觀瞻誇美麗云爾哉撫松設治二十餘年兩罹胡匪陷城之
禍雖曰防衛稍疏要亦設置未備有以致之耳溯設治伊始在清
宣統二年當時居民鮮少地方安靖設治者草創經營儼然公劉
陶穴楚子篳路之景象創建正式公署未遑也暫就今師範校地
有草屋一正兩廂各三間官于斯吏於斯民衆訟於斯嘻偪亦甚
矣民國三年遂演出胡匪破城湯知事遇害之慘劇由公竹亭接
任將縣署移城内今址草舍十三間覆以白茅築以板壁規模狹
小無異窮閻嗣經蘇梁曹劉高歷任接續增築依然因陋就簡卒
又有十五年十二月再遭胡匪陷城之浩刼翌年一月予奉命來
守斯土破殘之餘商民散亡殆盡一夜數驚人心惶亂岌岌焉不

聊其生予晝則招集流散夜則躬率椽屬兵弁分隊巡城卡堵以防匪患當此時席不暇煖雖廨舍蕭然不蔽風雪亦不遑顧也嗣後人心漸安商民復集盜匪稍爲斂跡因思春秋時莒子城惡自謂僻陋在夷不備不虞卒致滅亡撫邑之患毋乃近是未雨綢繆不可以已也夏六月乃葺舊屋並增築頭門瓦房三楹圍牆九十六丈乾巽兩隅各築砲臺一座暫資防守己巳春盜匪肅清城內外商民二三年來驟增數倍向之日處荊棘猛獸中者今漸著平安之象矣欲爲地方謀久安乘時建設不容稍緩爰請准大府撥庫欵現銀三千元招匠人翁國寶曹學德陳元德等重建大堂三楹兩廡各五楹堂左右法庭辦公室各二楹洎乎今秋建儀門一座儀門外東西廂各五間頭門外開東西官道一條建東西轅門

各一座影壁一方庫厨房各三間所有牆壁均砌以甎石上則覆以鍊瓦棟梁榱桷純取土産堅大耐久者形式不尚奢靡規模專取遠大蓋地當邊塞不如是不足以建威弭患而起人敬畏之心也歷三期而工告竣落成之日士農工商販夫走卒莫不額手相慶轉相告曰大府軫念撫民特發庫欵建修縣府俾我撫民得所託庇非獨我撫之光亦我國之光也予喜聞此語也用誌梗槩以遺撫人使知我大府重視撫縣之深意焉

中華民國十九年歲次庚午秋日寬甸張元俊謹記

白山天池記

白山之巔有潭深不可測曰天池去縣治三百里盤鬱撫松安圖長白三縣之間爲我國東北第一高山亘洎丙寅秋余東來考查

吏治道經白山一週未達其巔深以爲憾翌年一月奉命守撫因思白山半壁屬於管境尤應巡視以周知邊圉乃荏苒三載未得果往今秋出巡漫江勘設防所事畢擬轉巡白山藉瞻天池而山深林密途徑難尋適有公安局員岳長久在白山附近漁獵多年又有獵夫張春山原籍河間對於山徑亦稍辨識爰率公安大隊長王永誠科員藍允辰隊長楊振勝王景賢關弼侯張兆夢宋良弼暨李學泗王樹美並班長隊兵方萬貴等共三十八人於十月二十二日由漫江起程行數里即入白山泊子一路崗巒起伏松楸茂密蟻塿如塚鳥巢似球掛塔松寄松垂生迎風若帶陰天樂就地菌生遇雨勃興萬年松高不滿尺碧綠徧野珍禽奇獸屢見不鮮經葦沙河樺皮河子緊江各水清潔澈底游魚可數時當

秋老天高两岸花賸餘紅樹凝濃綠與江水相掩映流覽風景別饒佳趣行過半日在樺皮河沿遇矮房一處上覆樹皮俗稱蹚子窩棚内有七旬老者山東劉觀青居此以獵爲生已四十餘年頗有山中無曆日寒盡不知年之景象焉詢以山中景物言之歷歷如繪復前行二十里日暮黄昏燧木爲炊遂露宿焉二十三日黎明起程前行約四十里至一陡山名曰大坎高約十里勢陡如削攀枝而上及達其巔平原無垠惟倒木縱横堆積如山俗稱倒木圈有碍前進以斧鋸鑿之始得通行此種大坎儼同塔形如白山有座者然至一小山又遇矮房一處爲劉財蹚子窩棚内有獵夫一人袁姓寬甸籍鄉談多時出鹿肉一碗見與蓋盡鄉誼也登小山之上遠望白山突起積雪如銀行不數武至平原俗曰陽陽地

當攝白山全景一幅前行至梯子河源出白山巔前寬四五尺六七尺不等崖深有六七丈七八丈十數丈或有深不測者人畜悞墜其中無倖脫者有橋一道非土非石細視之似積砂而成俗稱天橋又名梯子橋人馬經行其上不知幾經寒暑而橋仍完整亦云奇矣自此東行又登一陡坎行平原十數里遇一張蹚子窩棚少息復前行至緊江上源江中有巨石特起石上有雙孔噴水如線熱達沸點名洗眼湯循江上行二里許江岸有湯池曰湯上以名勝所在不可失之交臂乃浴於湯池頃刻之間汗出如漿時已黃昏傍湯池緊江東岸林中宿焉二十四日早五時起行過緊江復經梯子河上源至饅頭山崇如墻壁青松蔽日行息數次始達其巔俯視羣山林樹烟露瀰漫仰望白山高插雲霄形勢巍然於

是循崗前行如登天焉樹木不生只有韃子香葡萄松仙人果高力葡萄等物均高不盈尺據謂韃子香葉色碧綠形同桂葉經冬不凋夏正二月雪裡開花葡萄松幹形似葡萄蔓生仙人果經霜葉紅果紅小如豆高力葡萄食味甘芳各物雜處叢生密不露土名曰護山皮俗以五花山呼之萬紫千紅燦爛奪目誠可謂錦繡江山也上至天橋嶺寬不過五尺長里許高逾萬仞步行其上不敢傍睨過橋行五里許至白山巔下之西坡口名懸雪崖時已午前十時風和日暖氣凊天朗俯瞰天池水光萬頃羣峯羅列峭拔若削巖壑空幻石骨玲瓏而各峯乍隱乍現於銀濤雪浪中滴翠浮青留倒影於天池之内洵宇宙間之大觀也舉首天外俯視寰中浩浩茫茫四無涯際南望朝鮮負山阻海北顧吉江横亘萬里

遼寧諸縣星羅棋布蓋白山面積縱横千里峻極二百里聳出雲表爲羣山之主峯余等登其西峯其餘隔水相望石壁萬仞咫尺千里均未得往實不能測其由句山色純白終年積雪遠而望之若珠宫玉闕近而即之如瑤林琪樹名以長白洵非虚語由懸雪崖至池尚須下行五里惟山勢陡峻雪崖壁立似無人敢前行者乃用長繩汲引下行而雪道滑澾數武之外已顚撲雪中臥雪直下如冰橇之奔馳頃刻間已達池邊池水清澈洞乎無底潯焉洶洶隱焉瀰瀰扶義朝停奔濤夕起瓌寶之所叢育鱗介之所萃止池周約四十里畧呈斜方形如城四面峰峻仰不可視並各有坡口如門俗稱天池四門北門流水爲安圖二道白河之源當將天池東北西三面各攝影一幅繪畧圖一幅並刋字於天池西岸石

上是時日暖風和盤桓而不忍去獵夫張春山謂以前中外人士來遊者因多雲霧瀰漫均未得攝影繪圖且終年寒風凛冽時雨時雹飛動砂石怒濤澎湃遊人時被其傷未有逗留如斯之久者已而夕陽在山遊興未已復綆汲上行甫至山顛未及回首則池中颶風驚駭狂濤亂舞而天池爲雲霧所覆又不復見矣乃尋途下山至林中舊址宿焉次日順途而歸急行兩日又至漫江順江下行至花砬子折而北行復過緊江經石龍崗果松山東崗西北行於是月三十日晚六時平安到署是役也往返十二日露宿四宵行於森林中者五六百里淩絶壁冐叢莽以峯岩爲牀席以溪澗爲飲沐獸蹄鳥跡觸目皆是而居戶一無所有僅見蹚子窩棚四處獵夫五人窩棚高不過六七尺似巢居焉路遇獵夫三人

惟俗崇山神早晚焚香夏歷三月十六日俗稱爲山神生日過此節較夏秋兩節爲尤盛崇拜之誠亦可概見沿途時而平原廣疇可以馳馬時而陡坎峻拔壁立千仞時而水塘窪陷顛仆不前時而松針鋪地路輭如棉時而老林參天時而石崗如龍或倒木成簹或山澗無底或蒼松翠柏蔽日連雲或山清水秀柳暗花明惟林中獵夫所設之蹬子獵具如罟獲陷阱之屬布滿林中旅行斯地者若無人引導不被傷於毒蛇猛獸即被傷於獵具古人謂蜀道難難於上青天今登白山亦猶行蜀道也縣治至漫江百五十里漫江至天池約百六十里每登一大坎陡如削壁及達其巔則平原無限四周大坎俗稱白山座而山巔天池居其中池水北流由二道白河飛奔而下爲松花江之正源至安圖縣城西北六十

里與二道松花江相會波濤數千里而天池終日外流水不減少俗謂通於海底特臆說耳由遼河東上步步登高至撫松縣城相距已達千里則撫松已在山上復行三百里始達白山之巔謂爲東北第一高山巨泊其信然歟

中華民國十九年歲次庚午秋十月撫松縣長寬甸張元俊記

撫松縣署對聯

張元俊

百里偶爲官賣劍買牛久以私心崇渤海

一行慚作吏栽花擕鶴愧無善政繼河陽

地方是主人翁願比戶桑麻共樂雞犬無驚百里聽絃歌到此乃完公僕責

政治尙平民化期闔境社會改良風俗丕變萬家興禮讓相逢莫當長官看

偶來撫治此邦願父老兄弟共促進社會文明相期提倡民權建設縣政

本是忝爲公僕與警學紳商時研究地方利弊務要剷除腐化發揚國光

撫松縣昭烈祠對聯

張元俊

生而爲英歿而爲靈壯士死沙場城郭鄉隣資保障
昭之以忠崇之以烈英雄捍閭里馨香俎豆報烝嘗

衛社稷執干戈烈士功名留汗血
報馨香崇俎豆英雄姓字照旂常

喋血衛鄉閭盜賊未除心不死
報功崇祠宇英靈宛在氣如生

撫松縣關帝廟對聯　　張元俊

下之比河嶽上之如日星正氣凜然塞天地
誼則爲君臣情則似骨肉英靈卓爾振綱常
肝膽矢孤忠討賊尊王俟貞健者
春秋觀大節背義蔑德公之罪人
大義塞兩間赤膽忠肝常翊漢
丹心昭萬古英風浩氣矢吞吳

撫松縣關岳廟對聯　　張元俊

炎漢褒功魏吳拒敵生存道義歿顯威靈浩氣滿乾坤俎豆年年
隆祀典外夷是攘中夏必尊報國精忠事親純孝英名垂宇宙廟
堂處處仰儀型

鎮江樓楹聯

張元俊

四面青山三面水
一城綠柳滿城花

軼聞

長白山巔有池名曰天池土人云池水平日不見漲落每至七日一潮意其與海水相呼吸故又名海眼又六十年前有獵者四人至天池釣鰲台見芝盤峰下自地中有物出水金黄色首大如盎方頂有角長項多鬚低頭摇動如吸水狀衆懼登坡至半忽聞轟隆一聲回顧不見均以爲龍故又名龍潭又云池中雷聲時作意同砲彈百里外猶聞其聲俗呼爲龍宫演操又云平日水聲澎湃響如鳴金戛玉俗呼爲龍宫鼓樂又云每年二三月間陡有黑雲自西北來大雨雹至天池不見閲數日忽由池中突起五色雲向東南而去惟黑白兩色居後追十數目見雲自東南飛來仍入池内而黑雲不在其中相傳黑龍江龍王會同天池龍王朝宗東海云

又云前有道人登白山由懸雪崖下臨天池見有倒鱗魚數尾赤白色躍於池中涉波捕之得其一放之玉漿泉仍向前捕失足墮池中石滑不得上伏石而下約百餘丈忽而矗立石層如梯道人疑其入水不沒不妨下梯以覘其異手扶梯下六丈許左右多洞周視洞口方圓大小不一式皆有石牀居中惟左一圓洞牀上有一老人仰臥鼾聲如雷不敢前退趨石梯跋磴奔波如登天然百步外回顧洞口五色射眼巨浪滔天心愈恐而力不能支伏徑少歇恍惚若睡覺身如萍梗隨水盪漾莫知所之醒時開目視之見二獵夫立其側身已在乘槎河上盖獵者見池內一人浮水而來意自西坡口渡東坡口者道人歷言其事始悟爲龍所居次晨偕獵夫往玉漿泉觀魚至時見魚猶跳躍以手捕之竟入泉中不見

據引路人徐永順云光緒二十九年五月其弟復順隨王讓俞福等六人在汨石坡下杜坡口忽見兩鹿登坡俞放槍擊之兩鹿下坡入池六人尾追扶石下王槍斃其一其一入池不見六人得茸甚喜王欲抽取鹿筋方提刀剖割俄而大霧從池中陡起六人對面不相見候兩鐘餘霧不散跪祝乞晴而天黑如故王擬棄鹿返五人曰不可坡石汨動往往傷人如此黑暗尋亦不見烏敢行王曰吾等靜候可也六人坐臥池邊至夜半寒風透骨餓不能寐共餐餱糧而盡未幾天微明而霧仍如故坐候數刻霪雨飛落溼透衣襟兼之腹飢難忍俞曰將若何王曰食鹿肉飲鹿血亦可療飢衆皆割肉而食復順不能下咽抛而棄之霎時雷雨交加衆皆哭不成聲旋又入夜見池中三五明星忽起忽落倏而潑剌一聲自

空中落一火球大如輪水面萬千燈火直同白晝復順曰可以行矣王與余曰禁多言少焉礮聲轟隆宛如霹靂波浪湧起直衝斗牛六人戰栗不敢動無何風平浪息池内亭台高聳插入雲霄俄聞空中謳歌餘音嫋嫋忽而鼓吹大作樂殿光明四圍洞徹狀如水晶陳設古雅非凡男女往來上下指不勝屈惟身軀皆在九尺以上不似平人方驚疑間適來一物大如水牛吼聲震耳狀欲撲人衆益懼相對失色束手無策愈急取槍擊放機停火滅物目眈眈勢將噬俞復順腰携六輪小槍暗取放之中物腹咆哮長鳴伏入池中半鐘餘雹落如雨大者寸許六人各避石下俞與復順頭顱血出用溼衣裹之池内重霧如前毫無所見又兩鐘餘東方曉亮雲淡風清微露峰尖六人匍匐尋坡上至葡萄山前高麗窩棚

病臥十餘日俞與復順傷始痊槍彈鹿茸各件遺失無存至今不敢再入天池徐永順言之鑿鑿故誌之白山紀詠有云欲到天池先患霧入時不易出尤難

長白山主峰曰白雲峰在天池西稍北相傳前有人迷於峰巔見石白異常其凉徹骨用巾裹零星小塊携歸示衆皆疑爲氷片試之果然後再尋之則雲深不知處矣又天池北偏東之天豁峰峰起雙尖中闢一綫相傳山縫爲大禹治水時所劈土人云峰頂夾縫中隱有洞口數處登山者往往見有蟒蛇出於其間

玉柱峰係長白山諸峰之一土人云峰北麓坡度稍緩前有獵者數人杜西坡口見花鹿四隻其項有挂金牌者有挂銀牌者用槍擊之鹿環玉柱而走衆隨之將近峰頂倏忽不見而煙霧陡起莫

辨東西衆繞峰轉走兩日夜始得返蓋俗稱掛牌之鹿皆受封者壽已數百年矣名爲仙鹿未可擊也

鐵壁峰西南與華蓋峰相連土色黑狀若鐵壁由池至巔約七里餘相傳有人採藥至此忽見峰巔懸燈結彩金碧輝煌中間懸朱字無數多不能識惟福壽字不篆不隸形似鳥蟲尚可辨歸語人皆以爲誕再往始終不見

龍門峰在乘槎河西與天豁峰對峙而低池水溢流而出狀若門形故號曰龍門由池至巔約有七里世傳大禹治水曾至峰上旁有一石上似蝌蚪字形人目之爲神碑今已糢糊難辨土人云數年前有人至峰前見魚數尾紅黄色跳躍乘槎河上以石擊之霎時狂風大作白雨暴落連聲霹靂而魚亦逝

觀日峰東接龍門三里餘峰起一尖登而望之海闊天空可以觀日出日入由池至巔約八里

土人云每年三月三日夜半時分一遇大晴見日如紅球自海中出出時三起三落而波翻浪湧忽上忽下歷歷在目尤足令觀者移睛海上錦屏峰在芝盤觀日兩峰之間宛如屏風獵者因其形若城垣又呼爲城墻磖子由池至巔約八里有奇

相傳女眞國王夜半聞白山崩裂聲命人往視至時積雪滿山不易登陟月餘自山右上他峯毫無形迹惟此峰後見一巨雹大約六十餘圍試之堅不可破因名爲雹山聞前清國初尚有遺痕今則見有白雪一堆而已

寶泰洞韓人云數年前有打貂者甲乙同行走椽俗呼打貂謂之走椽誤入長白

山旁之大旱海至雲門下見門內有異彩觸天紅光射眼心疑爲㠭往視之登門上光少歛入于沙中甲以手掬沙尺餘露出一尖色如桃紅寳石心艷之恨兩邊亂石塞滿不少動又無鐝钁莫可如何乙焦急從旁另覓一石擊之有金聲重擊數十下毫無所損躊躕苦思計無所出甲曰天將暮吾二人暫回宿明早帶鐵具來必得此物切勿告人掩其迹並堆沙作記歸次晨乙喚甲起持鐝鍬往至沙堆刨五尺餘始終未見至今門中尚有遺迹——

土人云嘉慶年間有人放山入山採蓡俗名放山至天池見峰下一石洞洞口多登台二角小蓡爲登台爲二角念洞中必有佳者伏入數十步黑暗不得進意欲返忽露明光因匍匐入約十餘步豁然開朗遥見數里外有茅屋兩三間就之一老者出衣冠皆古不類近世揖與語鄉音不通老

者以手指西似揮其去狀放山者識其意西行十里餘遇一深澗岸上菜花狼頭公鷄（皆葠花名）花色鮮妍葠苗滿地多四五六披葉者皆老山不似山子採置背夾未滿而龍爪跨海牛尾菱角金蟾鬧蝦雀頭單跨雙胎各種俱全獨狀少人格意猶不足扶石入溝見溝底紅朶纍纍莖高如樹大可盈把心驚喜仍向前採之忽一少女自溝中出怒曰青天白日竊我園中物背夾將滿猶得隴望蜀是無饜也以手撮沙潑之迷目不能視知非凡人跪而乞情女曰我不殺汝汝速行倘遇吾母生還不得也放山者起目亦愈視之而女不見急奔數里聞水聲潺潺鳥語蟲鳴身已在石澗中攀松扶石而上盖梯子河之仙人橋也計程已五十餘里矣視背夾葠尙在喜而返後偕數人往尋洞不能入故至今猶以爲葠洞云（以上見前）

安圖縣劉公同僧所編江港志略

土語

查撫松原係邊荒人煙稀少設治以來五方雜處惟以魯人爲最
口操聲音多係魯語謹將雜集無關風俗之土語分別列後

哈酒（飲酒）吸飯（吃飯）打么（發迹）活該（應當之謂）火拉（生氣）街溜（無正業）跑腿（隻身外出）吃
晌（午飯）耍熊（狡賴）放山（採山貨）毬子（吝嗇）秧子（紈絝）打圍（打獵）打凍（閉門過冬）串門（探望親
友）撩啦（跑了）嘮科（說閒話）二虎（鹵莽）瞎攔（說話不中聽）埋態（不潔淨的意思）各路（性與人殊）抬扛
（言語不合）幹活（作事）赶禮（辦事情上禮）爽神（快快）統通（總共）幹架（打仗）艙艭（帆船）胡咧咧
（瞎說）挖棒棰（挖人葠）馬溜的（快快）一大些（多的意思）到得了（能辦事）打哈哈（快樂）不赶
蹬（趕辦不及）瞎扯蛋（說謊話）零丁的（忽然間）儖眼子（倔强）埋態人（不潔人）你掩我（責人輕
己）吃嚼咕（美食）打平伙（均錢購食）吃勞金（作工的）花眼圈（無正業）賺體己（婦人積錢）磨不
開（慚愧對人）打罷刀（離婚）老爺子老頭子（尊長之稱）老柨子老疙疸（對幼小兄弟之稱）

老把頭赶利路 均入山謀生 一骨龍總 全總 溜達溜達 閒步 抖起來了 形容人之得意

扎箍扎箍 治病及修理物件之謂 實在不善 贊美人 起早攤黑 旰夕勞動 眞踢動啦 損失之謂

眞正王道 說人凶橫 眞不大利 好的意思 餂嘴抹舌的 口饞 鬼頭蛤蟆眼 詭詐 老

實八脚的 說人忠厚 隔二偏三拉裏拉忽的 均疏忽之謂 懈裡懈怠的 懈怠不精神之謂

紅口白牙的 猶言好好一個人也 開鍋 秋天做棒棰謂之開鍋 刷水子 刷棒棰之謂 買賣水子

總之生棒棰謂之水子 坡口 嶺之謂 掌櫃的 家主之謂

長白山麓安樂鄉記（世外桃源）

周鳳陽

陶靖節傷世亂生世外之想作桃花源記以寄意後人讀之每以身不得入其境目不得覩其事爲憾今長白山森森古木環山中發現一安樂鄉其情其景殆與桃花源所記相倣彿吾人既有所聞不可不記其梗概以告世人

獵者鄭寶紅孤身久居白山森林中夏日出獵值大霧迷行林中數日不得出逢一小溪沿溪上見溪自一最狹之山口出似有人跡入則兩岸石壁峭立如牆溪水澄潔潺潺有聲遵彼曲徑廻轉如羊腸極狹處寬止一二丈仰望天空僅露一線行四五里口盡則豁然開敞別一世界黍田麥隧一望數十里板屋茅舍連接數百家其人男女皆長髮衣履儼然古裝芸田汲水往來自若村犬

迎吠發驚怪聲其人見獵者荷槍至咸驚訝群集圍視有通中語者詰來意獵者以實告驚訝者始悦導見一老者老者年約七旬貌魁碩豐腴鬚髮皓然導者言其故老者喜延之上座款以雞黍飲以家釀留數日家各爭餉以酒食問其人何時來此祗云此爲安樂鄉餘皆不答獵者無事稍覽此中形勢四環絶壁沃野十數里盡良田木鐵陶器各工皆粗具出入除獵者初入之口別無途徑口外復繞以數百里人跡不到之森林故外人從無得入者無何獵者欲歸老者令數獵夫持槍於夜間送之仍由來口出鑽藤穿棘狀似熟習歷三日夜始得舊路以歸是歲秋獵者來撫城寄商號天成永向學校教員牛君效元詳道之牛君美之每逢林居者訪之卒無知之者後與農會副長徐肇業談及徐知之頗詳與

鄭言無大出入據云其地當在白山後麓安樂鄉爲其人之自名其人自何處移來或係遼金鴨綠部遺民均未可知撫城前遭匪禍時有契友某曾勸避居其地不果鄭之入其地民國十一年事也

撫松仙洞記

仙洞在撫城東南馬鹿溝時有雲氣出其中故世人以仙洞呼之爲撫松十景之一洞在山麓東南向民國十九年春五月四日縣立第六小校教員佟君瑞麟牟君中平率學生四人携燭探之洞口高寬僅及丈行數武突狹匍匐始得過過口陡斜如立壁幸可蹲立轉身先以兩足下伸攀扯溜墜達平處頓闊如夏屋十步之外面逢石壁洞穴甚多燭之均透光惟多小如盂一斜洞高在十餘尺可容一中人之身旁設木板釘木樁前行者踏樁攀壁伸臂夾首塞身猱升蛇行以進繼者牽前者之手前者始得稍稍以兩足轉下及地益寬廠洞穴仍多於是以粉筆畫號於來口防回頭迷失遍燭石壁皆現各種蔓藤樹葉魚鳥爪印各狀花紋或有如

龍鱗如蚌殼似飛似走畢真畢肖者復穿過數層石壁其洞之大小參差與前壁無大異其闊處亦如之惟四壁花紋之形狀不一其類如現蟲魚形者則多蟲魚形如現蔓藤樹葉形者則多蔓藤樹葉形中之闊處有瓦盆三上承頂壁滴水皆滿清冽芳甘飲之冷心脾再渡數壁別無所見惟數蝙蝠飛撲燈光而已最後逢一壁洞口雖多大者絕少燭視摩索移時見高丈處一洞稍大先以一人踏人肩燭之果可通踏肩者攀扯而登上可起立以次引後者畢登行未遠地驟下陷如巖墻燭之深黑不見底涯投之以石似有水聲復旁投之如落石板上細審壁上各花紋奇奇怪怪益覺生動盤桓多時尋來路而出已歷半日矣數人者不唯衣履泥汚尚有肘腋皮膚被石破裂者然以險絕深奇之境世人幻想之

地一旦發其幽秘爲地質學增一絕好研究材料若佟牟二君可謂冒險好奇之士而四學生亦可謂能步後塵者矣四學生爲師範羅文德李紹琳宛錫文小學孫寶樹也

人物

撫松地處邊陲雖山川清秀水草豐榮然因設治較晚兼之民國三年匪亂以後鄉中父老無復存者往事陳迹多不可考然彈丸雖小亦有忠信僅將年來鄉耆義勇以及中學以上學校畢業者一一列入以爲後進之模楷焉述人物

鄉耆

張大元帥前在東三省巡閲使兼奉天督軍省長任内於民國八年及十二年曾二次招集各縣鄉老到省面詢地方疾苦以期下情上達撫松第一次所選送者四人第二次亦復四人均係地方公正之鄉老茲將各鄉老之姓名及性格一一詳誌於左

第一次選送之鄉老

王永俊　存心公正樂善好施

陳　慕　排難解紛不遺餘力

葛文瑞　重義輕財對於地方公益尤熱心提倡

安茂林　品格端方凡鄉民有紛爭者無不盡力排解

第二次選送之鄉老

王永俊　見前

劉慶雲　扶危救困見義勇爲

孫吉慶　勤儉治家寬厚待人

韓魁三　人品端方素孚鄉望

翁國寶　年八十五原籍錦縣現住撫松縣城裡爲人忠誠爽直急公好義有俠義風精於木工刻畫均極嘉妙玲瓏空幻頗有匠心清光緒初年在省修造將軍衙門頗蒙崇將軍奬許嗣到寬甸適值設治所有衙署廟宇工程宏大者均出其手迨張公傑三長撫有建修縣府之舉適翁國寶在撫應招而來年已八十有四設計晝圖鳩工庀材規模極爲宏壯閱一年而工告成且純係義務不受報酬並於仙人洞建岫雲觀一座所有木工彫刻均由翁國

寶手裁慘淡經營凡三年工始告竣熱心公務有如斯者縣長張
公題贈急公好義匾額以彰勞績

鄉宦

金玉聲字振之本縣松樹鎮人初入本縣小學校繼入寬甸師範學校畢業曾充本縣第一小學校教員有志大成不甘小就遂赴北京考入中國大學刻苦自勵明敏有才畢業後充營口鹽運使署秘書現任遼源縣知事

鄉紳

車焕文字景堂居城内係前清附生原籍山東後移撫松品格端方又長於文學前充本縣教育局局長

義勇

姓名	職別	年月	備考
湯信臣	撫松縣知事	民國二年	胡匪陷城殉難
王寶山	右路巡防步四營右哨十長	民國二年	胡匪陷城殉難
劉栢勝	右哨正兵	民國三年	勦匪陣亡
白玉順	右哨正兵	民國三年	勦匪陣亡
王志	右哨正兵	民國三年	勦匪陣亡
白寶山	二營中哨正兵	民國四年	勦匪陣亡
張柱林	二營中哨正兵	民國四年	勦匪陣亡
劉繼平	東三省陸軍步兵第七旅第三十五團第三營第十連正兵	民國五年	勦匪陣亡
邢元山	第七連二等兵	民國五年	勦匪陣亡

馮俊庭	第五連正兵	民國六年	勦匪陣亡
范得勝	第五連正兵	民國六年	勦匪陣亡
李成仁	迫擊礮連兵	民國七年	勦匪陣亡
趙玉恒	迫擊礮連兵	民國七年	勦匪陣亡
楊南軒	縣署科員	民國二年	胡匪陷城殉難
佟喜廷	忠勇士	民國二年	胡匪陷城殉難
田紹東	巡官	民國二年	胡匪陷城殉難
陶紹誠	教練員	民國二年	胡匪陷城殉難
于得水	巡長	民國二年	胡匪陷城殉難
都士奎	巡長	民國二年	胡匪陷城殉難
尤長海	巡長	民國二年	胡匪陷城殉難

孫寶山	巡長	民國二年	剿匪陣亡
楊芝柱	巡長	民國二年	剿匪陣亡
王洪寶	警士	民國二年	剿匪陣亡
楊玉峯	警士	民國二年	剿匪陣亡
朱萬林	警士	民國二年	剿匪陣亡
李振海	警士	民國二年	剿匪陣亡
張雲昇	警士	民國二年	剿匪陣亡
袁得勝	警士	民國二年	剿匪陣亡
朱培魯	警士	民國二年	剿匪陣亡
劉守祿	警士	民國二年	剿匪陣亡
張金凱	警士	民國二年	剿匪陣亡

姓名	職別	年份	事由
蕭會泉	警察分隊長	民國十五年	胡匪陷城殉難
李喜才	保安隊甲長	民國十五年	胡匪陷城殉難
李春富	保安隊甲長	民國十五年	胡匪陷城殉難
房永增	甲丁	民國十五年	胡匪陷城殉難
徐華峯	甲丁	民國十五年	勦匪陣亡
潘志成	甲丁	民國十五年	勦匪陣亡
李維周	甲丁	民國十五年	勦匪陣亡
李春有	甲丁	民國十五年	勦匪陣亡
蔡全海	甲丁	民國十五年	勦匪陣亡
郭世亮	甲丁	民國十五年	剿匪陣亡
李振海	警士	民國十六年	剿匪陣亡

姓名	職別	年份	事由
潘子成	甲丁	民國十六年	勦匪陣亡
朱文祿	甲丁	民國十六年	勦匪陣亡
蔡慶發	甲丁	民國十六年	勦匪陣亡
鄭永山	甲丁	民國十六年	勦匪陣亡
趙永財	警士	民國十六年	勦匪陣亡
戚文彬	保長	民國十六年	勦匪陣亡
王忠國	巡官	民國十六年	勦匪陣亡
趙春	甲丁	民國十六年	勦匪陣亡
楊芝貴	巡長	民國十六年	勦匪陣亡
李玉勝	甲丁	民國十七年	勦匪陣亡
王陵	團丁	民國十七年	勦匪陣亡

姜玉春	甲丁	民國十八年	剿匪陣亡
苗景業	甲丁	民國十八年	剿匪陣亡
吴玉廷	警士	民國十八年	剿匪陣亡
李全勝	警士	民國十九年	剿匪陣亡

昭忠祠

夫祠者所以重典祀亦所以示人之景慕也碑者所以志奇異亦所以表人之行術也凡義人烈士堪爲後世之模範者其人既沒咸宜設祠以祀其英靈勒石以志其芬芳縣長張公元俊念死事警甲忠烈堪憫乃建祠以祀焉祠既成題其額曰昭忠祠蓋所以彰諸死事警甲之忠烈也復建碑以志其事更所以令後人永有觀感云附昭忠祠碑記於左

撫松縣昭忠祠碑記

民國十六年一月余來撫承乏適值股匪陷城之後至則督率警甲嚴行緝捕斬獲頗多及通臨刀匪蠭起分兵應援又復唱凱以還而死事警甲諸烈士喋血於深山叢林之中爲

狀至慘即擬建祠致祭以慰忠魂維時城防不固力又未逮遂增土城植柳作柵而城關砲壘縣署警所之圍墻亦次第告成內佈防務外事勦捕匪患於以稍清焉今秋年穀順成境內較安因念死事警甲諸烈士奮身以衛地方蹈險峻而不辭臨彈雨而莫顧肝膽忠烈宜播芬芳而舊有旌烈祠在城裡西南隅規制湫隘不足以崇祀典爰改建昭忠祠於南關以妥烈士之靈由警甲所長張景玉董其事委員李席珍區官于維航募款監修各界力爲贊助庀材鳩工閱三月而祠成乃迎旌烈祠各忠魂與近年死事諸烈士合祀一祠裸薦鼓鐘奠羅酒漿先後死事之烈士忠魂得永享蒸嘗白山蒼蒼松水茫茫我警甲之餘烈庶與山光水色永垂不朽云

爾工既竣粗爲記其梗槪俾來者有所考焉

中華民國十七年十一月

簡任職存記知撫松縣事寬甸張元俊

畢業生

姓名

李春潤
遼寧東北大學畢業
袁夢周
周作霖
鍾成川
以上師範學校畢業
史春泰
農林學校畢業
安　瀾

車品貴

許成偉

徐詩敏

以上中學校畢業

跋

撫松居長白山右麓地處偏僻三代以上荒渺難稽厥後或屬肅愼或隸女眞傳說不誤信而有徵延至清代屬於吉林宣統二年撥歸遼寧設爲縣治開創亦甚晚矣建置伊始地多荒蕪人煙稀少狉狉榛榛喬野無文欲求進化不其難乎迨至吏治頻經文明漸啟興學育才俗易風移家詩書而戶禮樂非復從前之樸陋矣由是天不愛道地不愛寶人不愛情獸蹄鳥跡之地變爲麟遊鳳舞之鄉當時雖得目爲盛事爭先快觀然猶恐時過境遷感慨係之矣又當兼收博採乞靈於楮墨也蓋不觀歷史無以知往古不閱報紙無以知來今欲使偉大人物長此晤對最好山河瞭若指掌非舉境內之山川景物政治風俗備載在簡策不爲功縣長張

撫松縣志刊誤表

卷別	頁數	行數	字數	誤刊	更正
卷首	一	四	二三	曰	日
卷首	五	一九		奉天道	應作奉天東邊道
卷首	九	一三	執字之下落地字		
卷一	四	九	二〇	吭	吭
卷一	九	二一	四	江	香
卷一	一三	五	四	村	應刪去
卷一	一五	六			縣字之上落「住」字
卷一	一九	四	六	流	注
卷一	二四	五	五	六	八
卷一	二六	六	一〇	成	城
卷一	三一	一六	十二		散字下落「住」字
卷一	三九	五	一一 一〇	狼為	為狼
卷一	四一	一五			本字下落「四」字
卷一	四五	四	二二	是	且
卷一	五〇	八	一	別	則
卷一	五四	一〇	一三		下脫落「[illegible]」字
卷首	二	二一	一七	縣	松
卷首	九	七		名勝	古蹟
卷一	三	九	七	三	五
卷一	九	二〇	二二	槑	馱
卷一	一一	一九		礪河	立河
卷一	一五	四	四	東	西
卷一	一五	六	八	在	居
卷一	二三	三	一	陜	陲
卷一	二四	七	六	五	七
卷一	二九	七	二四	萬	舊
卷一	三八	一六	一	峷	山羊
卷一	四一	一	二一	踙	踉
卷一	四六	一六	一五	嗚	鳴
卷一	四八	一四	九	遂	逐
卷一	五〇	八	一四	紋	蚊
卷一	五六	四	二〇	[illegible]	養

卷一	七二	一七	二[illegible]字	嗽咳	咳嗽
卷一	七四	一六	四	木	本
卷一	七七	二	六	亙	互
卷一	八五	一三	二三	傅	傳
卷一	八九	一七	七六	雲生	生雲
卷三	五九	三	一〇	察	檢
卷四	七	二二	二一	除助	鋤
卷四	一九	五	六	洛	俗
卷四	二五	八	一六		二字下落道字
卷四	三三	七	一〇	二	三
卷四	三五	六	一五	鋌	挺
卷四	三九	四	一六	既	即
卷四	四一	一八	一三	業	擧
卷四	五三	八	三	顧	顧
卷四	五七	一四	二二	薄	茂
卷四	六四	四		例得保書	是為記
卷四	六八	一九	一四	署	縣
卷四	七二	一〇	一四	目	日
卷四	九〇	二			增字下落「修」字
卷一	七[illegible]	一七	一五	[illegible]	[illegible]
卷一	七四	一七	九	品	應刪去
卷一	八四	一〇	一九	石	山
卷一	八八	三	一九	敝	敞
卷三	四四	二	一八		總字下落「辦」字
卷四	七	一三	六	倒	例
卷四	一三	二一	一	天	田
卷四	二五	二	四	搶	槍
卷四	三三	七	一	莧	現
卷四	三三	一一	六		陣字下落「亡」字
卷四	三六	一一	二三	一	應刪去
卷四	四〇	二二	一四	之	乏
卷四	五〇	一	二	在	應刪去
卷四	五六	二	一〇	陰	蔭
卷四	六一	八	二三	他	地
卷四	六五	一五	四	期	月
卷四	六八	二二	八	窗	窩
卷四	七七	一〇	三	咭	咕

公傑三見及乎此百廢俱興之後又復創修縣志俾一縣之始終本末治亂興衰得以永垂不朽比之縣署之修學校之擴江壩之築門樓之設其功尤不在少矣文學識讕陋猥辱不遺得與編輯之列畧陳所見用伸鄙陋之忱豈敢言跋聊贅蕪詞云爾試爲之歌曰雲山蒼蒼江水洋洋我公之德山高水長載在篇章永誌不忘己巳菊月上浣本縣車煥文謹誌